马克思主义简明读本

马克思的一生

丛书主编：韩喜平
本书著者：高　琦

编　委　会：韩喜平　邵彦敏　吴宏政
　　　　　　王为全　罗克全　张中国
　　　　　　王　颖　石　英　里光年

吉林出版集团股份有限公司

图书在版编目（CIP）数据

马克思的一生 / 高琦著. -- 长春：吉林出版集团股份有限公司, 2012.12
（2019.2重印）
（马克思主义简明读本）
ISBN 978-7-5463-9630-9

Ⅰ. ①马… Ⅱ. ①高… Ⅲ. ①马克思，K.（1818~1883）—传记—青年读物 ②马克思，K.（1818~1883）—传记—少年读物 Ⅳ. ①A711-49

中国版本图书馆CIP数据核字(2012)第291615号

马克思的一生
MAKESI DE YISHENG

丛书主编：	韩喜平
本书著者：	高　琦
项目策划：	范中华　徐树武
责任编辑：	陈　曲　尹　磊
出　　版：	吉林出版集团股份有限公司
发　　行：	吉林出版集团社科图书有限公司
电　　话：	0431-86012746
印　　刷：	北京一鑫印务有限责任公司
开　　本：	710mm×960mm　1/16
字　　数：	100千字
印　　张：	12
版　　次：	2012年12月第1版
印　　次：	2019年2月第3次印刷
书　　号：	ISBN 978-7-5463-9630-9
定　　价：	29.70元

如发现印装质量问题，影响阅读，请与出版方联系调换。0431-86012746

序　言

习近平总书记指出，青年最富有朝气、最富有梦想，青年兴则国家兴，青年强则国家强。青年是民族的未来，"中国梦"是我们的，更是青年一代的，实现中华民族伟大复兴的"中国梦"需要依靠广大青年的不断努力。

要提高青年人的理论素养。理论是科学化、系统化、观念化的复杂知识体系，也是认识问题、分析问题、解决问题的思想方法和工作方法。青年正处于世界观、方法论形成的关键时期，特别是在知识爆炸、文化快餐消费盛行的今天，如果能够静下心来学习一点理论知识，对于提高他们分析问题、辨别是非的能力有着很大的帮助。

要提高青年人的政治理论素养。青年是祖国的未来，是社会主义的建设者和接班人。党的十八大报告指出，回首近代以来中国波澜壮阔的历史，展望中华民族充满希望的未来，我们得出一个坚定的结论——实现中华民族伟大复兴，必须坚定不移地走中国特色社会主义道路。要建立青年人对中国特色社会主义的道路自信、理论自信、制度自信，就必须要对他们进行马克思主义理论教育，特别是中国特色社会主义理论体系教育。

要提高青年人的创新能力。创新是推动民族进步和社会发展的不竭动力，培养青年人的创新能力是全社会的重要职责。但创新从来都是继承与发展的统一，它需要知识的积淀，需要理论素养的提升。马克思主义理论是人类社会最为重大的理论创新，系统地学习马克思主义理论有助于青年人创新能力的提升。

要培养青年人的远大志向。"一个民族只有拥有那些关注天空的人，这个民族才有希望。如果一个民族只是关心眼下脚下的事情，这个民族是没有未来的。"马克思主义是关注人类自由与解放的理论，是胸怀世界、关注人类的理论，青年人志存高远，奋发有为，应该学会用马克思主义理论武装自己，胸怀世界，关注人类。

正是基于以上几点考虑，我们编写了这套《马克思主义简明读本》系列丛书，以便更全面地展示马克思主义理论基础知识。希望青年朋友们通过学习，能够切实收到成效。

韩喜平

2013年8月

目　录

引 言 / 001

第一章　伟人的诞生 / 005

第一节　马克思诞生时的时代背景 / 006
第二节　马克思的家庭环境 / 007
第三节　金色的童年生活 / 009

第二章　立志服务全人类的青年 / 011

第一节　特利尔的中学时代 / 011
第二节　大学生活的开端——波恩大学 / 014
第三节　新的起点——柏林大学 / 016

第三章　步履维艰的著述生涯 / 028

第一节　写作生涯的开端 / 028
第二节　就任《莱茵报》主编 / 033
第三节　撰写《德法年鉴》/ 038
第四节　撰写《经济学哲学手稿》/ 041
第五节　《前进报》——革命的新阵地 / 043
第六节　首次与恩格斯合作——《神圣家族》/ 045
第七节　内容深刻的《费尔巴哈提纲》/ 048
第八节　未曾出版的《政治与政治经济学批判》/ 050
第九节　英国调研——撰写《德意志的意识形态》/ 051
第十节　判对蒲鲁东主义——《哲学的贫困》/ 055
第十一节　伟大的《共产党宣言》/ 057
第十二节　政治经济学著作——《资本论》/ 062

第四章　勇于实践的革命者 / 066

第一节　密切联系工人群众 / 066
第二节　西里西亚纺织工人爆发起义 / 068
第三节　英国考察 / 069
第四节　建立政党 / 070
第五节　共产主义者同盟 / 071
第六节　第一国际 / 074

第五章　马克思对人类的贡献 / 083

第一节　发现人类社会发展的规律 / 083
第二节　为无产阶级指明了解放的道路 / 084
第三节　发现资本主义社会经济运动规律 / 086
第四节　发现剩余价值 / 089
第五节　创立唯物主义观点 / 091

第六章　马克思与恩格斯伟大的友谊 / 097

第一节　寻找友谊 / 097
第二节　一见如故 / 098
第三节　艰苦环境中的真挚情谊 / 102

第七章　马克思与燕妮崇高的爱情 / 105

第一节　相识相恋 / 105
第二节　相知相许 / 111
第三节　婚后生活 / 114

第八章　熠熠生辉的思想品格 / 116

第一节　谦逊的态度 / 116
第二节　心系祖国的情感 / 117
第三节　孜孜不倦地专研 / 118
第四节　严谨的治学态度 / 119
第五节　不断创新的精神 / 120

第九章　马克思的自白 / 122

知识链接 / 124

引　言

这里仅以摘录五位认识马克思的人对马克思的描述作为开头，这些描述所展现出来的差异性和敏锐性是很有意义的。

一、俄国贵族

马克思是由能量、意志和不可动摇的坚定信念组成的那种人。他的外表异常引人注目，有着浓黑的头发、毛茸茸的手，外衣的纽扣时常扣错，但是不论他在你面前是什么样子，也不论他做什么，他看起来都像是用权利和力量来获得人们尊重的人。他动作笨拙，但自信、自立。其行为方式公然藐视人类规范的惯常成规，显得高贵并有些傲慢；他锐利的金属质的声音与他对人和事物的激进观点惊人的协调。他永远用一种命令的言辞说话，不容许任何人反驳，并且因他所使用的令人不快的音调而显得更加尖锐。这种语调表达了他内心对自己使命的坚定信念。站在我面前的是一位似乎只有在白日梦中才能想象出来的民主独裁者的化身。

二、美国参议员

那时他刚30岁出头，但他已经是公认的先进社会主义派别的领袖。他体格有些粗壮，有着宽阔的额头、乌黑的头发和胡须，那双乌黑而炯炯有神的眼睛，立刻就会引起众人的注意。他因学识广博而享有盛誉……马克思的话确实意味深长，清晰而富有逻辑，但我还从未见过举止如此令人恼火和令人无法忍受的人。对于不同于自己的意见，甚至不会出于尊重而屈尊考虑一下。对任何反驳他的人，他都予以极度的蔑视；对每一种他不喜欢的观点，他要么辛辣地讽刺提出这种观点的人无比的愚昧，要么轻蔑地诽谤提出这种观点的人动机不纯。我极为清楚地记得他以一种伤人的傲慢宣说"资产阶级"这个词：资产阶级，也就是令人厌恶的精神和道德极端堕落的样板。对每一个胆敢反对他观点的人他都谴责为资产阶级。

三、忠实的学生

在给他人以应有的评价方面，没有任何人比马克思更仁慈、更公正。他太伟大了，以至于不羡慕、不嫉妒、不爱慕虚荣。但他像憎恨任何形式的欺骗和伪装一样，极为憎恨由妄自尊大的无能和庸俗带来的造作的伟大和虚假的名声。

在所有我认识的伟大、渺小或者普通的人之中，马克思是为数不多的摆脱了虚荣的人之一。他太伟大、太强大、太骄傲了，他不需要任何虚荣。他从不打击任何一种看法，他永远是他自己。他像孩子一样不会掩饰、不做作。只要是社会或政治方面不尽如人意，他总是会完全地说出自己的看法，毫无保留，他的脸就是他心灵的镜子。当环境需要他克制的时候，他会表现出孩子一样的、常令朋友们开怀的困窘。没有人能比马克思更真实——他是真实的化身。仅仅只是看着他，你就会知道你交往的是什么样的人。在我们这个战争不断的"文明"社会中，一个人不可能总是讲真话，那样会让敌人占便宜，或者让自己冒着被排除在外的风险。而即使说真话常常是不明智的，但也不必总是说假话。我不需要总是说出我所想的、所感觉的，但这并不意味着我必须说出与我内心不一致的看法。前者是一种智慧，后者则是虚伪。而他绝对不是虚伪的人。当他处于我们通常所称的社会中时，在这个以貌取人、人必定会粗暴伤害别人感情的社会中，我们的"摩尔"像一个大男孩一样，他可能会像孩子一样地局促或脸红。

四、无政府主义的对手

我们常常见面，我极为敬佩他的学识、他对无产阶级事业热情和诚挚的奉献，虽然这中间总夹杂着个人的自负；我热切地寻求与他对话，因为这些谈话富有启迪性而且机智，只要这些谈话不是由心胸狭窄的恶意引发的话——但不幸的是，这样的谈话太经常发生了。而我们之间从来没有真正的亲密关系。我们性情不合，他称我是感情脆弱的理想主义者，他是对的。我称他虚荣、奸诈、阴郁，我也是对的。

五、英国绅士

马克思给我的第一印象是，这是一个强壮的、不修边幅的、桀骜不驯的老人，随时准备着（即便说不是渴望）进入冲突之中，并经常怀疑自己会受到随时来临的攻击。当带着强烈的愤慨谈论自由党的政策，尤其是有关爱尔兰问题时，这位年迈战士的小而深陷下去的眼睛就亮了起来，浓密的眉毛皱起来，那宽阔脸庞和大鼻子很明显因激情而抽动。他滔滔不绝地发表了一串激昂的谴责，这表明了与此相仿的热情的性情，以及对我们语言的绝妙运用能力。他那因愤怒而激动时的举止和低语，与他对当时的经济事件发表观点时的态度之间形成极为鲜明的对比。他毫不费力地从先知和激烈指责者转换为冷静的哲学家，对于后者，从一开始我就感到我在这位大师面前不再是学生，从那个时候开始漫长的岁月已经过去了。

第一章　伟人的诞生

在众多伟大的历史人物中,卡尔·马克思的地位是无与伦比的。他为全世界无产阶级争取共产主义事业的胜利制定了理论和策略。他是无产阶级的天才导师,是为人类最壮丽的革命事业奋斗的杰出战士。他就像一个红色的幽灵,在世界徘徊,在暴风骤雨中搏击前进,向着人世间的黑暗腐朽势力和旧秩序发起最庄严、最猛烈的战斗冲击。

马克思于1818年5月5日出生在德国的特利尔城。他的出生证书一直被保存至今,并收集到《马克思恩格斯全集》第四十卷里。马克思出生于一个相对安逸的中产阶级家庭,他的父亲是特利尔高等上诉法院的律师亨利希·马克思,母亲罕丽达·普利斯堡是一位普通的家庭妇女。

第一节 马克思诞生时的时代背景

马克思出生在一个黑暗的年代里。当时的德国处于四分五裂的封建割据状态中，关卡林立，赋税苛重，书报刊物受到严厉检查，集会结社被明令取缔。但是，法国资产阶级革命造成的影响使得启蒙思想在许多人的脑海里扎了根，平均共产主义和空想共产主义的学说也得到了传播。

马克思出生的特里尔城位于德国南部的莱茵省，与法国毗邻。1818年的特里尔城有居民12000人至15000人，是莫塞尔区的行政中心。当地的居民大多数是官僚、小资产阶级和手工业者。发生在1789年—1794年的法国资产阶级革命，使特里尔城在1795年4月到1815年间并入法国。特利尔城在法国统治期间剥夺了封建诸侯和教会封建主的产业，废除了农奴制，取消了一切封建捐税，实行了职业自由，人们不再被强迫加入行会。宪法保障公民的"人权"和财产所有权，规定凡是公民都享有人身、信仰、出版、请愿、结社的自由，都有受教育和享有社会救济的权利，并且宣布在法律面前人人平等。虽然这种资产阶级宪法实质上是剥削阶级意志和利益的体现，但是新的资产阶级社会条件导致了工商业的普遍繁荣，工厂在莱茵河地区首次出现。

特利尔城工商业的繁荣一直持续到1815年。当时，法国统治者拿破仑被英国、俄国、普鲁士、瑞典、西班牙、葡萄牙等国的联军击败,法国封建王朝复辟,特利尔城重新归还封建统治王国普鲁士。普鲁士的封建地主和受他们操纵的国王继续对特利尔城实施封建统治,并在此实行军刀警棍和书报检查的统治。尽管如此,由于资源丰富、地理位置优越,这里的资本主义工业仍继续发展。到1825年,莱茵南区已经成为德国资本主义最为发达的地区,并逐渐形成了工业资产阶级和产业无产阶级。

特利尔城依山傍水,它四周都是山,山坡上是莽莽苍苍的黑森林,终年云雾缭绕,幽深静谧。一条摩尔河躺在山谷之中,并从特利尔城西侧穿过,碧波荡漾的河面上白帆点点,鸥燕翔集,河岸上满是芙蓉花和一望无际的绿色农田。特利尔城内到处是天主教堂、新教堂和犹太教堂。城里的人贫富差距悬殊,富人有漂亮的别墅,院内满布奇花异草;而穷人则只能聚集在低矮肮脏的小屋内,骨瘦如柴、衣衫褴褛、满面愁容。

第二节 马克思的家庭环境

马克思出生在一个充满启蒙精神的中产阶级家庭,家族具有纯粹的犹太血统。马克思的父亲亨利希·马克思是特利尔城的高级诉讼法庭的法律顾问,同时在特利尔地区法庭供职,并且被授以类似于英国质量管理小组成员的头衔。虽然他主要是在自己的业务圈子中活动，但是多年来一直担任这个城市律师协会的主席，在市民社会中处于受人尊敬的地位。他一生勤奋好学，喜欢阅读古典文学名著，有很高的文学修养，尤其喜爱德国著名作家席勒、歌德和英国戏剧作家莎士比亚的作品。他更喜欢研究探讨哲学和政治学方面的问题，对于法国启蒙思想家卢梭、伏尔泰等人推崇备至，并精通他们的学说。由于他的工资比较优厚，工作也稳定，所以在政治上并没有革命的要求——他不希望普鲁士封建王朝被推翻。亨利希·马克思为人谦和安分，在政治上他持温和的自由主义立场，不希望发生革命，只要求由普鲁士国王对国家政治体制进行改革，并制定一部自由主义的宪法，建立代议民主制度。但即使是这样一位温文尔雅的谦谦君子也受到了统治当局的猜疑和记恨。亨利希·马克思的许多优点对马克思都有很大的影响。

马克思的母亲罕丽达·普勒斯堡是荷兰裔犹太人。她是一位慈祥善良的普通家庭妇女，一生辛勤操持家务，含辛茹苦地养育了9个子女，并始终对他们的生活和身体状况操心劳神。这一点从保存下来的她与马克思的信中便可以看出来。但由于文化素养等方面的限制，她的精神世界是狭窄的。因此，她不能充分理解马克思所从事的工作的重大意义，她总是希望儿子能从事一种比较稳定并有可靠经济收入的职业。

马克思有三个兄弟和五个姐妹。他本人排行第三，上面有哥哥莫里茨·达维德和姐姐索菲亚，下面有两个弟弟和四个妹妹。但由于哥哥达维德在4岁那年就夭折了，因此马克思便成了家中的长子。在马克思的孩童时期，似乎对姐姐索菲亚特别依恋。索菲娅后来嫁给了一位律师，住在荷兰的马斯特利赫特。马克思的两个弟弟都早早地死于肺结核，其中的两个妹妹也是这样。剩下的两个妹妹中的路易莎和荷兰人犹塔结了婚，移居到开普敦；另一个妹妹埃米莉嫁给了一位工程师，住在特利尔。马克思的面孔更像父亲，黑头发、宽肩膀、两腿粗壮略短，躯干强而有力，显得十分结实，但他的性格却十分顽强。

第三节　金色的童年生活

马克思家中的人口虽然很多，但生活却并不困难。亨利希·马克思的薪水足以保证妻子和孩子们过上富裕的中产阶级生活。马克思出生时，他们一家住在布吕肯巷664号的公寓中（现为布吕肯大街10号），1820年，他们举家迁入西梅昂街1070号（现为西梅昂大街8号）。马克思和兄弟姐妹们在这里度过了他们最快乐幸福的时光。马克思没有上过小学，他全部的小学课程都是在父母的指导下完成的。父亲严谨的治学态度和丰富的知识为子女们的学业打下了坚实的基础。而未经历普鲁士刻板严酷式的小学教育也使得马克思的个性在这一时期得到了最大限度的发展。

他精力过剩、活泼好动，因此户外活动是他童年生活中的重要部分。由于他生来就强壮有力，而且具有丰富的想象力和组织才能，使他深受孩子们的喜欢和拥戴，并自然而然地成了孩子中的首领。卡尔经常带领弟妹及其他小伙伴们到户外做游戏，并且给他们讲一些离奇的小故事。由于他心地善良、待人真诚宽厚，又知道用什么办法尽快地赢得小伙伴的青睐，因此，他始终都是孩子们心目中的偶像。

第二章　立志服务全人类的青年

第一节　特利尔的中学时代

1830年，亨利希·马克思把12岁的马克思送到了特利尔中学就读，在这里他度过了5年的中学生活。这所学校原先是耶稣会学校，后来命名为弗里德里希—威廉中学。马克思在这里受到了典型而纯粹的人道主义教育。18世纪启蒙运动的自由主义精神曾由后来的特利尔选帝侯——克利门斯·文采尔引入该校。他努力从康德哲学的观点出发，调和信仰与理性的关系，为了对抗神职人员的无知，他把这所学校变成了一种小型学院。在法国占领期间，这所学校降到了极小的规模。但莱茵地区归并后，它重新调整，并招聘了几位极有才华的教师。学校最有影响的人士是校长胡果·维滕巴赫，他是马克思的历史老师，也是马克思家庭的朋友。歌德对他颇有好感，说他是"康德哲学专家"。马克思是他最得意的学生，无论在勤奋学习和智力方面，还是在学习的爱好和知识的掌握方面，马克思都能使维滕巴赫高兴。维滕巴赫不但亲自指导马克思学习，还常常提醒马克思的父亲注意引导马克思。

马克思的智力虽不是十分突出，但也在一般以上，在班里的32名学生中，他大约排在第8名。马克思的拉丁和希腊诗文好，宗教课程也令人满意，法语和数学是弱项，奇怪的是他的历史成绩最糟糕。保存下来的马克思的最早的手写材料是他为德国学校毕业考试而写的三篇文章。拉丁语作文是关于奥古斯都元首的，意义不大。但是，关于宗教的一篇作文和一篇德语作文却表现出了鲜明的个性。这两篇文章充满了理想主义色彩，洋溢着要通过一种方式把人的个性完全解放出来的热情，即规避权力和荣誉、用自我牺牲的精神来为人类整体谋福利。其中德语作文《青年在选择职业时的考虑》表现出了更多的新意：虽然人选择职业不能完全地随心所欲，但正是选择的自由使人区别于动物。一个人不应该由于野心或突然的热情失去理智，重要的是要在为人类服务中把握住工作机会，同时，也应该避免由于抽象的真理而迷失方向。这篇文章以充满激情的、对生命价值的信仰的宣言结束，而这种价值，就是为人类利益而牺牲生命。他不把职业作为个人谋求私欲的手段，而把它作为为人民谋利益的杠杆。他认为，人如果为了取得私利而欢乐，那是很可怜的；人若是为了全人类的福利而劳动，那么他就不会被苦难所压倒，因为他是属于千百万人的。只有为共同目标而劳动的人才是最高尚的，历史会承认他们是伟大的人。相反，如果只是为了自己的私利劳动，他也有可能成为著名的学者、出色的诗人，但是他绝不是完人和伟大的人。马克思用闪光的语言，抒发了自己的远大抱负，选择了为人类服务的人生道路。校长看了这篇作文以后给出了这样的评语——"相当好。作文的优点是思想丰富，叙述井井有条"。

  5年的中学时光，使马克思脱掉了少年时代的张扬个性。他不追求分数和奖励，但是十分酷爱知识，喜欢自学，又肯思考问题，谈话也喜欢追根究底。由于喜欢看书，马克思的性格显得比较孤僻，尤其是在假期里他往往离群独居。在他房间里的桌子上和椅子上都堆满了书籍，他从白天到夜晚总是在默默地看书，著名的文学家和哲学家的著作他都感兴趣。他有一个好的学习习惯——把自己认真思考的东西用自己的语言写成札记、纲要和摘要。他习惯于在夜静时学习，往往睡得很晚，也起得较晚。他尊敬思想进步、有真才实学的师长。在1835年毕业离校的前夕，他抽出时间到维滕巴赫和其他老师家里一一告辞，以表示对他们多年的辛勤教诲的感谢。马克思去上大学时还打算写一首诗歌给维滕巴赫表示敬意。马克思还是一位爱憎分明的学生，由于反动当局对维滕巴赫很不满，本想撤了他的校长职务，但是又摄于他的威望，只好任命一位思想反动的副校长廖尔斯监视校内的政治活动。马克思因此很讨厌廖尔斯，在离校前夕唯独没有向他辞行。

第二节　大学生活的开端——波恩大学

1835年10月，马克思刚过17岁便离开家去读大学。那天清晨四点，全家都到汽船码头送他。第一天，船航行了16个小时，经摩塞尔到达科布伦茨；第二天在那里换乘一艘船顺由莱茵河到波恩；第三天他根据父亲的意愿到达波恩大学注册成为波恩大学法律系的学生。

当时的波恩大学拥有700名学生。那里的主流思想是彻底的浪漫主义，最受欢迎的讲座是年长的奥威施勒格尔所做的有关哲学和文学方面的。一般而言，那里几乎不谈论政治。这所大学和德国其他大多数大学一样，都经历了19世纪30年代初的自由言说和反政府运动浪潮，但这些大学生发起的反封建制度的运动已经被镇压。

马克思第一年以极大的热情投入了学习，选了9门课程，后来依父亲的建议减到了6门，这6门课包括法学、古典文学、神学等。第一个期末报告说他怀着热情专注地完成了所有的6门功课。不过，课堂上的知识远远不能满足他对知识的渴求，他还利用夜间和其他课外时间阅读，但还是觉得时间不够用。最终，他由于劳累过度得了失眠症,并常常因为头痛而精神不振。为此,父亲不得不写信劝他不要因为过于勤奋而损害了身体。1835年11月18日父亲在信中说:"我不希望你学的东西超过你身体和精力所能支持的限度。一个体弱多病的学者是世界上最不幸的人。因此,望你用功不要超出你的健康所能容许的程度。此外,每天还要运动运动,生活要有节制。我希望,每次拥抱你的时候都会看到你是一个身心越来越健康的人。"但他还是由于过度劳累,在1836年初的第二个学期生病了,不得已他把课程减到了4门,大大减少了学习的时间。在圣诞节前夕,马克思只得根据母亲的意见到荷兰姨夫那里度假游玩。经过了半个多月的休息,他才恢复了健康。

马克思在波恩大学期间还加入了以争取自由、和平为宗旨的"同乡会",并以此来与政府和警察等封建保守势力作斗争。马克思加入"同乡会"后,很快便成为5名领导者之一。该会的活动形式主要是喝酒,马克思完全进入了这种生活,以致因"喝酒的吵闹声扰乱了夜间的平静"而被学校关禁闭。学校的"监禁室"远不那么令人难受,因为被监禁者的朋友有权去看望他,可以和他一起喝酒、打扑克,帮他消磨时间。

1836年,来自特利尔的学生和波路西亚可普学生会的普鲁士年轻的贵族学生之间在校园里发生了争执,后来一度发展为公开的打斗。1836年8月,马克思在一次决斗中左眼上方受了伤。他还由于"在科布伦茨携带被禁止武器",被批评并被告到学校领导那里,但事件的调查不了了之。马克思将在学校发生的事情如实地告诉了父亲。父亲知道了他在学校的种种行为后,怕这些活动影响马克思的学习,便决定让他学完第二个学期后转入柏林大学,继续学习在波恩大学选修的法律。

第三节 新的起点——柏林大学

青年马克思在去柏林之前回家乡度过了1836年的暑假。在这里,他与儿时的女友燕妮·冯·威斯特华伦再度相逢,并陷入热恋。1836年10月,18岁的马克思乘坐邮车只身赶赴柏林。这次他不像一年前去波恩时那样的快乐,那时他是怀着征服世界的雄心壮志离开特利尔的,而此时他的心情却非常矛盾。他既渴望学习知识,取得骄人的成绩,又舍不得与心上人分开。在长途旅行中,这种矛盾的心态绞得他情绪烦乱,坐卧不宁。

10月22日,马克思进入了柏林大学法律系。当时柏林有三十多万人口,是普鲁士王国的首府。城内除了林立的王宫、政府机构和众多的名胜古迹外,还有1家博物馆、1所科学院、1所大学、1所艺术学院、6所文科中学、3家大公共剧院、3家私人剧院和各类学校。柏林不但是一座享誉世界的历史文化名城,还是一座现代化的大都市。这里到处是雄伟壮观的高楼大厦,装点得豪华气派的大商场里摆放着来自世界各地的各式商品，街头车水马龙、熙来攘往。相比之下，特利尔和波恩简直就像是土里土气的偏僻乡镇。

柏林虽然是一座灯红酒绿的大城市，但柏林大学却完全没有波恩大学里那种奢华颓废的浮荡气息。这是一所校风极其严谨的世界名牌大学，拥有一流的教学设施、数百位著名的专家学者和二千多名大学生。马克思在柏林大学附近一个僻静的公寓里住了下来。柏林大学是哺育哲学家的摇篮，德国著名的哲学家大多都在那里任教，大哲学家黑格尔曾经在那里讲学达13年之久。虽然他已经去世5年了，但是他的学生还占据着许多讲席。伟大的哲学家费尔巴哈也是柏林大学的毕业生，他毕业以后在埃尔兰根大学任教。他曾经这样描述柏林大学："无论在哪个大学都看不到这种对工作的热爱。这种对大学生的琐碎事情以外的事情的兴趣，这种对科学的吸引力，这种安静和肃穆，同这个劳动之官比起来，其他大学就是不折不扣的酒馆。"

由于有许多马克思非常崇拜的著名学者在这里任教，所以在初进柏林大学时马克思听课十分认真，他不仅选修了许多法律专业的课程，还旁听了哲学、历史等其他专业的课程。一个学期过后，他发现一些教授其实徒有虚名，他们除了照本宣科地讲述一些老掉牙的旧理论外，毫无建树和创新。失望之余，他又像在波恩时那样，躲进租借的公寓里，埋头钻研自己喜爱的知识。只有少数几位有真才实学的教授讲课时才能在教室里看到他的身影。

这时的马克思同许多热血青年一样富有激情和幻想,具有理想主义和浪漫主义情调,并试图以诗歌这种主要属于青年人的形式把自己丰富多彩的内心世界表达出来。由于对燕妮的喜爱和想念,激发了马克思内心的情感,仅在第一年里,他就寄给燕妮三本诗集:《爱情集一》、《爱情集二》和《诗歌集》。马克思在柏林大学时期,还创作过剧本和讽刺小说。不过马克思的文学创作并没有得到父亲的支持,他自己也对这些作品持自我批评的态度,根本没有想过要拿出去发表。在文学的海洋中遨游了一段时间后,马克思又回到了社会科学领域,并以更大的激情和坚韧的毅力进行刻苦的攻读。大概从1837年下半年起,马克思把主攻方向转向了自己所钟爱的哲学,以他特有的顽强精神投入到了一场剧烈的精神搏斗之中。在柏林大学里,马克思要比在波恩时还要勤奋刻苦得多,学习成了他生活的唯一内容和动力,也是他最大的人生需要和享受。他的精力和工作能力是非凡的,往往能够同时干几件事情。例如,他能同时阅读研究几本著作并随时记下自己的心得和灵感。即便这样,他仍觉得时间不够用,为了能把挤出的更多时间用于读书,他甚至闭门谢客,几乎断绝了与外界的来往。他既不去游玩,也不交友应酬。有人提出要陪他去结识当地官僚界的同乡,都被他拒绝了。就连父亲托他去探望老朋友他也不愿意去,为此他受到了父亲的指责。其实,马克思只是觉得跟人闲聊会耽误学习的时间。这个时期是青年马克思发展道路上的一个重要阶段，一个充满兴奋、狂热和苦心探索的阶段。虽然他的世界观的形成还要走很长的一段路，但此时的他对这个世界已经有了自己的见解。

马克思在这一时期阅读的书籍非常丰富，大大超过了教授们布置的参考书的范围。在读书过程中，他对哲学问题的研究也越来越系统和深入了。他先后精心研读了康德、费希特、伏尔泰和卢梭等人的哲学思想。由于他用功过度，常常达到通宵不眠、废寝忘食的程度，因此身体再次受到了严重损害。1838年春天，他不得不听从医生的嘱咐到柏林附近的施特拉劳去疗养。

施特拉劳是一个美丽宁静的小渔村，是休息和沉思的理想之地，被大诗人海涅誉为能涤荡灵魂、冲淡茶水的施普雷河环绕着她匆匆地流过，像一条玉带伸向远方。船只在河面上穿梭往来，空气清新爽朗。河边有金色的沙滩，再往远处则是大片灌木丛和绿油油的草地，开放着各种不知名的野花，还有野葡萄等浆果点缀其间，姹紫嫣红、争芳斗艳。马克思在这里住了三四十天，他天天在河边漫步，有时也去河中划船，还同村民打过一次猎。几天过去后，他觉得自己的精神已有了较大的恢复。由于医生禁止读书，所以马克思来疗养时基本没带来什么书籍。但对于马克思来说，不读书是一种比生病更大的痛苦。而随着身体的恢复，这种痛苦便愈加强烈。于是他又开始读书了，读什么书呢？正巧手头有一部黑格尔的著作。这样，马克思在疗养期间第一次系统地研究了黑格尔的哲学思想。

初入柏林大学时，马克思也曾涉猎过黑格尔的著作，但由于黑格尔哲学是为普鲁士专制统治服务的官方哲学，在政治上是保守的，其文字又晦涩难解，所以马克思对它缺乏兴趣，没有进行深入的研究。当时的马克思偏重于钻研法律，但是他并不甘于只掌握支离破碎的知识和具体的法律条文，他希望把这些知识全部弄懂吃透，并抓住其精髓。但他很快就发现没有哲学作为武器，这一点是不可能达到的。于是他又对哲学产生了兴趣，并打算写篇有关法哲学方面的论文。这便是马克思走上哲学研究道路的最初的动因。当然，他之所以研究哲学也与他希望深刻认识当时充满矛盾斗争的现实生活有关。如果马克思此时遵循父亲的安排，循规蹈矩地学习法律的话，那么他将会轻而易举地成为一位著名的律师或法官，过上安安稳稳、富足殷实的生活。但他却走上了哲学研究的道路，这意味着他选择了一条艰难曲折的险径——沿途到处是悬崖峭壁、荒草荆棘，充满了危险和不测，只有那最勇敢的登攀者在付出巨大的努力和代价之后，才能到达胜利的顶点。马克思从此开始广泛地研读哲学著作，他先后研究了康德、费希特、卢梭和伏尔泰等人的思想，并企图把这些思想引入法学领域，以便能发现并建立起一套科学的法哲学体系。但他的一次次努力都失败了，最终他得出了一个结论，那就是主观唯心主义的哲学体系严重脱离实际。它的狭隘性和反科学性不能引导他有效地解决学术研究和现实社会中的问题。这样，马克思于1838年春天在斯特拉劳疗养地再次把目光转向了黑格尔，他利用这一空闲时间认真拜读了黑格尔的一些代表作，并写了大量的批注和摘要。在黑格尔的书中，马克思发现了一个令人振奋的新世界，特别是黑格尔关于自然、社会和精神世界总是处在不断运动、变化和发展中的观点给了马克思以巨大的启迪。

黑格尔的哲学体系是客观唯心主义，他把整个世界看作一个整体，而这个整体其实就是上帝的代名词。从这一点出发，黑格尔把普鲁士的封建专制统治和束缚人们思想的基督教说成是合理的、必然的。因此他得到了统治阶级的赞扬，他的哲学也被推崇为普鲁士的国家哲学，他去世的前一年，也就是1830年，他被当局任命为柏林大学校长。但是，这些短视的当局者并没有看到黑格尔哲学中的另外一面——埋藏在其保守体系中的丰富的辩证法思想。黑格尔认为，宇宙和人世间的一切都不是永恒存在的，没有一世不变的东西，万事万物都处在不断的运动、变化和发展之中。人类社会也是从低级到高级无休止地向前发展的。根据这个原理，普鲁士的封建专制体制当然也不是永恒的。可见，黑格尔哲学的体系是保守的，其方法论却是革命的。这一严重的内在矛盾决定了黑格尔学派迟早会发生剧烈的分化。黑格尔逝世后，由于国内各派政治力量的发展和矛盾的激化，黑格尔学派迅速地解体了。那些顽固维护封建专制制度的保守势力死抱住黑格尔哲学的体系不放，竭力为专制制度辩护，形成了黑格尔右派，即老年黑格尔派。而那些激进的革命民主主义者则利用黑格尔的辩证法批判封建制度、宗教和社会现实，形成了黑格尔左派，也称青年黑格尔派。青年黑格尔派命名的原因之一是由于他们的年龄大都在30岁以下，这两大学派之间的斗争不只是出于他们对黑格尔哲学的不同理解，实质上也体现了资产阶级与封建保守势力之间的尖锐对立。

马克思在斯特拉劳疗养间结识了青年黑格尔派的一些成员，并参与了他们的活动。当然，马克思转入青年黑格尔派也与他的大学老师爱德华·甘斯教授有一定关系。甘斯是黑格尔的得意门生，对黑格尔的辩证法思想理解很深，正是他生动的哲学课使得马克思对黑格尔哲学产生了浓厚的兴趣和深刻的认识。后来，马克思参加了青年黑格尔运动的中坚组织——博士俱乐部，这对他哲学思想的发展产生了重大影响。博士俱乐部是一个由持有青年黑格尔派观点的大中学教师和博士组成的学术团体，其成员依靠共同的信念和追求结成真挚牢固的友谊，参加这一组织的人必须具有相当高的才能和天赋。该俱乐部的精神领袖是柏林大学神学系讲师布诺·鲍威尔，他是一个学识渊博、思想激进的无神论者，写过《约翰·福音批判》和《新约福音批判》等著述。他主张当前的主要任务是把人类从宗教的压抑下解放出来，而只有自我意识才能完成这一任务。俱乐部的主要成员还有卡尔·弗里德里希·科本和阿道夫·鲁腾堡等人，这些人都是当时哲学论坛上的风云人物。他们经常在施特黑利咖啡店中聚会。由于这里距柏林大学只有几分钟的路程，热情的店主又为顾客们准备了不少开明的报纸和政治性刊物，因此许多大学生、教师和知识界人士都喜欢来这里聚会。作家弗里德里希·查斯于1846年在一本书里写道："在施特黑利咖啡店里，柏林人为了议论种种新闻而汇聚在一起。在这里，诗人海涅一边津津有味地吃着夹馅蛋糕，一边创作他辛辣讽刺柏林上层社会的短嘲诗；在这里，20年代的戏剧评论家们写文章，评论使整个旧欧洲都为之倾倒的仲塔格的才华；在这里，青年德意志运动受到七月革命的影响而壮大起来；在这里，进行过关于黑格尔哲学的热烈争论；也正是在这里，青年德意志运动的思想成为过时的现象，而《哈雷年鉴》和《莱茵报》为他们的枪炮备足了弹药；在这里，柏林的新闻记者们给全德国的报刊撰写文章，可以毫不夸张地说，年轻的德国人民和新时代是在这里取得胜利的。"

马克思是博士俱乐部中最年轻的一位成员，其他人的年龄都比他大许多，而且他们在哲学研究领域已有所成就，确实值得马克思向他们学习请教。但他们很快就发现，这位新来的年轻人的思维不仅极其敏锐深邃，而且具有一种无畏的献身精神和无与伦比的感染力，所以他们很快就对他刮目相看了。他们在一起进行研究讨论，交流心得体会，马克思从中获得了不少知识和灵感。与此同时，他的言论和思想也极大地影响了这里的每一个人，特别是他对黑格尔哲学体系的精辟见解与以辩证的方法考察人类社会和精神世界的新思维都给人们留下了深刻的印象，也推动了该俱乐部学术研究的不断发展。马克思对博士俱乐部及其成员的影响和推动作用是巨大深远的，俱乐部的一些成员多年后对此仍记忆犹新。科本用充满激情的语言赞叹道："你是一座思想的仓库，一所大学！或者用柏林的土话说，你那聪明的头脑如同牛头一般大。"他还很坦率地承认，当时他是在马克思的指导下思考问题和写作的。

从保存下来的材料中可以看出，马克思在博士俱乐部的时间虽然不算长，但他已经以严密的逻辑思维能力和深刻的批判精神成为俱乐部的精神支柱之一。人们已初步地认识到马克思是哲学界冉冉升起的一轮旭日，终有一天他将成为一位思想的巨人。同时，一些细心的人也发现，马克思的思想中已经有了许多与青年黑格尔派不同的东西。其中最显著的一点是：青年黑格尔派只是把辩证思想用于对宗教的批判并不去接触现实，而马克思虽然并不否认批判宗教的巨大意义，但他已经越来越企图用哲学武器去触及现实社会了。

自从马克思潜心钻研哲学以后，他就决心献身于科学研究事业，并决定毕业后到大学里任教。马克思的好友鲍威尔此时已到波恩大学任教了，并颇有影响，他希望马克思也到这里来共同发展哲学研究事业。因此，马克思希望毕业后能到波恩大学谋得一个副教授的职位。马克思违背了父亲当初为他制定的求学目的——到法律界服务。为此，父子之间发生了一场争执，双方各持己见。由于马克思陈述的理由非常充分，况且父亲也不是一个固执守旧的人，争论的结果是父亲十分不情愿地作出了让步，同意了马克思的选择。但是，父亲对马克思总是放心不下，担心儿子到现在还不知道将来该如何维持生计，他希望儿子至少能过上一个中产阶级家庭的生活。

1838年初，操劳了一生的父亲病倒了。5月，马克思接到母亲的急信后迅速赶回家乡，不久父亲就病故了，享年61岁。马克思怀着极其悲痛的心情把父亲安葬在山下的一块墓地里。父亲的去世给马克思带来了巨大的精神创伤。马克思一向视父亲为自己的启蒙老师和人生知己，自己有什么苦衷和心事都可以毫无保留地向他倾吐。对此，父亲总是会以一位谦谦长者的身份向他提出自己的见解和忠告，虽然有时言词比较严厉，但殷殷爱子之心和舐犊深情却溢于言表。而且父亲从来不会蛮横地干涉马克思的私事，其中包括他的个人抱负和婚恋问题。在马克思的心目中，这是一位天使般的慈父，是自己最亲密的长辈。父亲的去世也使马克思及其家人的物质生活出现了危机，母亲一人挑起了家庭生活的重担，用微薄的收入含辛茹苦地抚养着7个儿女。艰辛的生活使母亲迅速地衰老了，也使她的情绪变得很低落，她不能理解儿子为什么要致力于对生计毫无帮助的哲学研究上。而马克思此时虽然也想尽快完成学业，但他那力求完美的性格和强烈的自我批判精神却极大地阻碍了他这样去做。

1839年初，马克思开始准备他的博士论文。这个时期他的学习生活是非常艰苦的——学习任务大大地加重了，而生活费用却有所下降。因此，马克思尽量减少了不必要的社会活动和应酬，躲进自己的公寓里闭门不出，日夜埋头于书刊和稿纸堆中。这一时期，马克思把主攻方向放在了哲学史上，他用两年半的时间，全面研究了黑格尔的哲学，而后又系统地研究了古希腊哲学。例如，德谟克利特和伊壁鸠鲁的哲学思想、斯多葛学派和怀疑主义等。在博士论文中，马克思希望人们向古希腊的唯物主义哲学家们学习，坚决反对宗教迷信和暴政，向一切不公正的丑恶现象进行坚决斗争。他极其热烈地赞颂了伊壁鸠鲁反对宗教和黑暗腐朽势力的大无畏的战斗精神。博士论文是马克思大学时代寒窗苦读的心血结晶，全面体现了他当时的政治和哲学思想，并带有青年黑格尔学派思想影响的鲜明印记。他的论文表明，马克思对古希腊哲学和黑格尔哲学的研究已达到了相当高深的程度。

这一时期的马克思也已经成为了一位革命民主主义者和战斗的无神论者。他把哲学研究与对宗教和封建专制制度的批判紧密结合为一体，决心要像古希腊神话中造福于人类的普罗米修斯那样，冲破一切束缚和禁忌，冒着生命危险，探求真理、改造社会、实现自己为全人类的幸福而工作的崇高理想。

1841年春天，马克思完成了他的博士论文。但是当时在柏林大学进行论文答辩不仅程序相当复杂，而且还需要花费不少钱。另外由于形势的变化，反动保守势力此时已控制了柏林大学的讲坛。马克思不愿让自己的论文和学术观点受到他们的嘲弄和玷污，考虑再三，马克思决定将论文送到政治空气比较自由的耶拿大学。在那里，主持鉴定工作的哲学教授对这篇论文的观点和风格非常赞赏，认为马克思才智高超、见解深刻、学识渊博。于是未经进一步的考试，马克思便被授予了哲学博士学位。1841年4月15日，马克思终于拿到了博士学位证书，此时他年仅23周岁。博士俱乐部的朋友们都向他表示衷心的祝贺，并希望他在科研和社会领域继续奋斗，从而取得更辉煌的成就！

第三章　步履维艰的著述生涯

第一节　写作生涯的开端

1840年，费里德里希·威廉四世登上了普鲁士的王位。新国王与他具有自由主义倾向的父亲相反，他对革命年代留下来的带有自由主义色彩的东西十分反感，他希望建立起一种专制主义的家长制的社会，所有的德意志人都是他的家庭成员。为了收买人心，他上台伊始曾装出了一副开明公正的面孔，接受了反对派集团提出的自由主义的执政方针。但随着德国争取民主和自由的运动日渐高涨，这位虚伪的君主感到十分恐慌，并很快就撕下了伪装的面具。他公开表示绝不实行立宪改革，甚至连任何批评当局的言论也不许发表。统治当局的倒行逆施引发了资产阶级和人民大众反对封建专制制度斗争的一个新高潮。在这动荡不安的时期里，普鲁士政府加强了政治上的反动，不仅在政治领域疯狂地镇压自由民主运动，而且在意识形态领域也采取了极其严厉的措施，打击压制他们认为不利于专制统治的各种思想言论，迫害持有进步思想的政治家和学者。在这股反动逆流中，教育界的形势犹为恶劣，教育自由已不复存在。许许多多进步的学者被逐出了学校的大门，在新任文化大臣艾希霍恩的指使下，波恩大学的某些御用文人开始攻击陷害鲍威尔。由于鲍威尔在其新作《同观福音作者的福音史批判》中批判了宗教愚昧，因此成了反动派打击他的依据，威廉四世以此为借口禁止鲍威尔在大学讲课。1842年3月又宣布解除他在波恩大学副教授的职务。这样，马克思通往大学讲坛的道路被彻底堵死了，他的博士证书竟成了一张废纸。

后来马克思在波恩谋职的日子里，一边为求职而奔忙，一边仍在埋头苦读——他觉得自己虽然获得了博士学位，但还有许许多多的问题没搞清楚，需要认真研究。为此，他研读了许多学者的著述。

在波恩居住期间，也是马克思自由政论家生涯的起步阶段，他为自己安排了许多写作计划，并开始从事这方面的尝试。起初，马克思打算与鲍威尔共同编辑出版一本新的哲学杂志——《无神论文库》。由于普鲁士的封建反动势力对进步运动进行了严厉的镇压迫害，在讲台上已经很难宣传激进的革命理论了，教育部的部分进步学者们只好转而在报刊上发表自己的理论和政治见解。恰好当局此时对科学报刊的重要性还认识得不足，篇幅不超过20印张的书籍可以不经预审出版，因此为政论家们留下了一个充足的活动空间，他们便纷纷转移到了这一阵地上。马克思步入哲学领域已有几年时光了，其学识也受到公认，但到这时为止他还尚未公开发表过文章，因此他也想在这一领域一显身手。为此，马克思做了充分的准备，阅读摘录了许多著名的哲学著述。

马克思和鲍威尔原想以这个新杂志团结动员一大批进步的学者，向宗教和黑暗的社会势力发起猛烈的进攻。但在此时发生了一件事，影响了他们的计划。为了躲避普鲁士政府的迫害，阿尔诺德·卢格把他主办的《哈雷年鉴》转到普鲁士境外去出版，改名为《德国年鉴》，并转向激进的人道主义立场，举起为争取自由、反对敌对政权而斗争的旗帜。卢格的立场观点与马克思和鲍威尔比较接近。因此，如果再创办新的刊物势必会引起力量的分散，这是不必要的，也是不策略的，所以马克思和鲍威尔的计划就此搁浅了。但马克思决定要用辛辣的政论文章来抨击、批判宗教和专制暴政。在1841年8月到9月间，他参与了鲍威尔的《对黑格尔的末日的宣告》一书的写作。由于早就有所准备，马克思对该书所要阐释的理论问题驾轻就熟，所以写作工作进行得十分顺利。当年晚些时候该书就问世了，这部作品表达了当时大部分青年黑格尔派的观点和立场，号召进步的哲学家们联合起来，并建立了现实的政治反对派来反对现存国家。书中提出了一个十分重要的论题——进步的思想家们应该将理论变成实践。文中写道:"理论原则应直接转向实践和活动,如果现存制度同哲学的自我意识发生矛盾的话,哲学应在政治领域中成为一股积极的力量,坚决地冲击和动摇现存制度。"

《对黑格尔的末日的宣告》是一部震撼人心的战斗檄文,其矛头直接指向宗教蒙昧主义和旧的封建秩序,出版后在社会上引起了强烈的反响。但由于作者们使用的语言和笔法比较隐晦,一般读者并不能完全抓住其要领。

1842年初,马克思在特利尔为《德国年鉴》写了一篇语言犀利、内容深刻的政论文章——《评普鲁士最近的书报检查令》,对统治当局的虚伪面目和险恶用心进行了深刻的揭露和批判。该法令要求人们在探讨真理时必须严肃谦逊。马克思认为当权者提出这一点是企图扼杀学术的研究自由,阻碍人们去探寻真理。所谓的"严肃",马克思认为就是不许学术界出现不同的风格和流派,限制学术讨论的自由发展。用行政命令强制规定某一种写作风格,其结果只能使学术界出现死气沉沉的局面。他写道:"你们赞美大自然令人赞叹的千变万化和无穷无尽的丰富宝藏!你们并不要求玫瑰花和紫罗兰散发出同样的芳香!但你们为什么却要求世界上最丰富的东西——精神只能有一种存在形式呢?每一滴露水在太阳的照耀下都闪烁着无穷无尽的色彩,但是精神的太阳无论它照耀着多少个体,无论它照耀着什么事物,却只准有一种色彩——官方的色彩。"

《评普鲁士最近的书报检查令》是一篇战斗的檄文,它表明马克思已经公开地站在反对专制统治的立场上,直接投身于现实的政治斗争。他希望以哲学为锐利的武器,向一切反动的东西发起猛烈的进攻,从根本上变革普鲁士的整个国家制度和封建专制制度。虽然他此时还不能完全了解进行这一改造的动力和伟大的历史意义,但他已经与青年黑格尔派分离了,成了一个坚定的革命民主主义者。这篇文章还显示出了马克思非凡的写作才华、独特的写作风格和不妥协的战斗精神。这些宝贵的东西将在马克思的一生中不断闪烁出耀眼的光芒。

为了避免遭到打击迫害,马克思没有在文章上署自己的真实姓名,而是冠之以"莱茵一居民"的署名。这一署名在当时是有现实意义的,因为莱茵地区是当时德意志境内资本主义最发达的地区,争取自由民主的运动在这里有深厚的土壤和广泛的群众基础。马克思是作为莱茵革命民主主义者的代表,向整个普鲁士的封建专制主义发起挑战的。文章写成后,马克思把它寄给了激进的政论家卢格主编的《德国年鉴》,希望能尽快发表,以发挥其战斗作用。由于《德国年鉴》的检察官禁止发表这篇文章,卢格只好把它载入一部《轶文集》,于1843年在瑞士出版。但当这部文集进入普鲁士境内时,仍遭到了当局的查禁。这一事实彻底撕去了罩在普鲁士当权者脸上的虚伪面纱,进一步有力证明了马克思对普鲁士书报检查令的评论是何等的正确。马克思是一位伟大的思想家和政论家，一生著书立说、笔耕不辍，留下的文字著述汗牛充栋、浩若烟海。但直到他晚年，每当回想自己的写作经历时，他仍然对自己的这篇政治处女作感到由衷的骄傲。

第二节　就任《莱茵报》主编

由于书的出版周期太长，所以马克思将自己的注意力转移到报纸上，因为他看到当局对日报的检查要比对杂志的检查马虎。这大概是由于日报种类较多、出版周期太短的缘故。这时，一家设在科布伦茨的《莱茵报》吸引了他的注意力。

《莱茵报》创刊于1842年1月1日，是由莱茵省的大资产阶级以及自由主义反对派的领袖们共同出资筹办的。他们企图用这家报纸来维护莱茵地区工商界的经济利益和政治权利，普鲁士当局虽然对它存有深深的戒心，但为了对抗《科伦日报》还是从策略出发容忍了它的存在。为了争取更多的社会支持，也为了使大批优秀的政论家和学者为该报撰稿，《莱茵报》的创办者们与激进派，特别是青年黑格尔派结成了一个反对共同敌人的秘密联盟。

马克思十分关注《莱茵报》的出版编辑工作，他认为可以把它办成一份反对专制统治、宣传革命民主主义思想的报纸。因此，从1841年秋天起，他开始积极参与报纸的创办工作，这时他已经成为青年黑格尔派中一位举足轻重的权威人物了。

从1842年8月起，马克思开始亲自为《莱茵报》撰文。在4月至5月间，他在报上连续发表了题名为《第六届莱茵省议会的辩论》的一组文章，在市民中引起了巨大的反响。此后，他又陆续发表了《法的历史学派的哲学宣言》等一批颇具影响力的论文。同时，他还积极地为报纸的出版负责人出谋划策，就如何提高办报水平发表了十分中肯的意见。他提出，不要让撰稿人领导报纸，而要让报纸领导撰稿人的指导思想对《莱茵报》的健康发展产生了重要的影响。因此，从1842年8月起，马克思已经成了《莱茵报》的实际领导者。

此后，马克思移居到了科布伦茨，科布伦茨是德国最大的城市之一，是莱茵省的经济中心，在文化方面也有一定的影响。马克思迁居此处后，就立刻以烈火般的激情和大无畏的战斗精神开展工作，用自己过人的才华和敏锐的政治洞察力对这份报纸施加了强有力的影响，从而开创了《莱茵报》发展史上最辉煌的篇章，在他个人的生活史上也写下了崭新的一页。

马克思虽然担任了《莱茵报》的主编，工作也十分出色，但他并没有忘乎所以、自命不凡，而是始终保持着冷静的头脑，他一边紧张地工作，一边继续刻苦攻读钻研理论问题，从来不轻率地乱发议论。

这一时期，马克思一方面邀请了许多进步学者和撰稿人为《莱茵报》写稿，另一方面自己也勤奋地进行理论研究并发表了不少论述当时政治和社会问题的文章，深刻阐明了自己的政治见解。马克思在《莱茵报》上发表的第一篇文章是《关于出版自由和公布等级会议记录的辩论》。如果把这篇文章同他先前发表的《评普鲁士最近的书报检查令》相比较，人们可以看出后者只是一般地论述出版自由问题，而前者则是把这个问题同各个社会等级和阶层对待出版自由的态度问题联系起来加以详细考察，从而得出了更为深刻的结论。

《出版自由和公布等级会议记录的辩论》一文鲜明地表达了马克思这一时期的重要思想。他已经把对封建专制制度的批判扩及到了对这个制度的社会基础——贵族统治和等级特权的批判，并揭露了普鲁士代议制度的实质——它不是人民的代表机关，它是虚伪的、反人民的，是维护特权等级的经济利益和政治统治的。马克思在告诉人们一切剥削阶级都是出版自由的敌人的这一事实的同时，还深刻揭示了资产阶级出版自由的真面目。这是马克思在《莱茵报》上发表的第一篇文章，它把革命的热情与解决当时的实际问题紧密地联系起来，使《莱茵报》真正转向了革命民主主义，从而成为该报历史上的一个重要的转折点。

在这一时期，马克思发表的评论莱茵省议会活动的论文中还有一篇很重要的文章——《关于林木盗窃法的辩论》。在当时，正处在资本原始积累阶段的德国地主阶级对传统的公共土地进行了大规模的掠夺，其中包括许多林地，这样就使得普通农民对森林的利用受到了严格的限制，这种情况给贫苦农民的生活带来了严重的影响。因为使用公共林地和拾捡枯枝一向是他们谋生的一个重要来源，所以这一时期出现了大量与所谓"林木盗窃"有关的刑事案件。在莱茵省第六届议会上，地主和资产阶级的代表们支持对砍伐林木者加重处罚和对捡枯枝者给予严厉惩处的惩罚。面对这种情况，马克思挺身而出，在《关于林木盗窃法的辩论》一文中为穷苦农民进行了有力的辩护，反对国家准备制定的相关法律。在这篇文章中，马克思深刻揭示了把所有者的欲求变成了法律的社会经济根源。他认为这是私人利益的作用，这不仅仅是等级的私利，还是私有制的利益。马克思指出等级国家的法律是为剥削阶级利益服务的，不仅承认他们的合理权利，甚至经常承认他们的不合理的欲求，而等级议会则是保护大私有者的有力工具，他们衡量一切事物的态度都是以剥削阶级的私利为转移的。在这篇论文中，马克思不仅从政治和法律方面揭露了剥削阶级的本质，而且指出等级国家及其法律代表的是大私有者的私利，并公开站在政治上和社会上备受压迫的贫苦群众的一边，竭力维护他们的权利，这表明他已开始从革命民主主义向共产主义的方向转变了。

但是，反动统治阶级是绝不会让革命思想在普鲁士的国土上自由地发展和传播的。由于马克思的社会理论和政治思想越来越激进，《莱茵报》对现实问题的剖析和批判也越来越深刻犀利，所以很快就触怒了当局。

因此，马克思回到科布伦茨后，就立即写了一组题名为《摩塞尔记者的辩护》的文章，并陆续刊载在《莱茵报》上。在这组文章中，马克思详细地列举了许多确凿的数字和材料，以活生生的具体事例说明了摩塞尔河两岸农民极端贫困的状况。马克思的这组文章用最尖厉的语言和入木三分的剖析对普鲁士的官僚政治进行了猛烈的抨击，勇敢地捍卫了人民群众的利益。

为了捍卫真理，维护人民群众的根本利益，马克思和《莱茵报》的同仁们与政府进行了坚决的斗争。但马克思并不是单纯地满足于同政府论战取得的某些胜利，他的主要目的是要通过《莱茵报》进行广泛的政治宣传，号召广大进步人士为彻底变革社会现状而进行战斗。为了达到这一目的，为了使报纸在险恶复杂的环境中长期生存下去，马克思作为主编不仅要把握报纸的政治方向，把编辑工作搞得井井有序，发动各界进步人士为报纸投稿，还要讲究斗争策略，不让书报检察官们找到查封报纸的借口。

最后，迫于普鲁士政府的政治压力，股东们出于维护自身利益的考虑，抱怨马克思办报具有革命倾向，要求降低报纸的政治调子以维持其生存。通过这件事，马克思对普鲁士政府的反动性和资产阶级的软弱性有了进一步的认识。他坚决反对妥协退让，绝不放弃原则，于是决定退出《莱茵报》。

从马克思开始为《莱茵报》撰稿到最终退出《莱茵报》，只有一年的时间，其中担任主编的时间仅仅5个月，这在马克思的一生中是十分短暂的，但在他的政治生活和世界观的发展过程中却是一个极为重要的时期。同那些为了挣钱不惜出卖灵魂的庸俗作家不同，马克思把写作的目的看得极为高尚，他是出于宣传革命理论、改变旧世界、为全人类谋幸福的良好动机而从事写作工作的。所以他的文章一向实事求是、爱憎分明，既不隐恶，也不溢美，更不哗众取宠或卑躬献媚。他以锐利的文笔，深邃的思想和严密的逻辑思辨能力深刻地揭露了普鲁士专制统治的反动性和欺骗性，揭示了普鲁士代议制度的阶级实质。在政治上和经济上他为广大的贫苦劳动者进行了强有力的辩护。通过勤奋的研究，特别是深入社会进行实地调查，使他深刻地认识到物质利益在人类社会中所起到的重大作用。

第三节　撰写《德法年鉴》

辞掉《莱茵报》主编的工作后，马克思便与他相恋多年的女友燕妮结婚了，但蜜月后不久，他就又开始了他的创作工作。在大量研究的基础上，马克思写成了《黑格尔法哲学批判》一书。同时，马克思还对欧美各国的历史和国家理论做了深入的探讨，阅读了文艺复兴和启蒙运动时代以来许多重要思想家的著作，共写出了5本笔记，即著名的《克罗茨纳赫笔记》。这些知识在他批判黑格尔哲学的过程中发挥了十分重要的作用。

自从退出《莱茵报》后，马克思已看透了普鲁士政府的反动面目，深感在德国已不可能有效地进行革命宣传活动了，于是他决定离开祖国到国外去从事理论研究和政治宣传。大约就在同一时期，马克思在巴黎创办杂志的事情确定了下来，根据他的意见，该刊物定名为《德法年鉴》。卢格保证每年付给马克思6000塔勒的薪俸，而马克思的首要任务就是尽快地准备好需要刊载的文章。按照卢格的说法，他给予马克思的年俸能够保障他过上较稳定的生活。其实这点钱仅能维持马克思夫妇最简单的生活，况且此时的燕妮已经怀孕了，但马克思夫妇仍然十分愉快地接受了这个条件。

1843年10月底，马克思携夫人燕妮离开了克罗茨纳赫，迁居到巴黎。从此，这对儿革命情侣便一直在异国他乡漂泊，并不断遭到反动势力的迫害和驱逐，他们成了不受各国反动政府欢迎的世界公民。

为了使《德法年鉴》的创刊号既富有战斗气息又具有学术价值，马克思花费了不少心血。他除了日夜奋笔疾书撰写自己的文稿以外，还广泛地向一些著名学者和政论家约稿。他曾经给费尔巴哈写信，请他撰文对唯心主义哲学家谢林进行批判，还要求海涅等新老朋友为杂志写稿。马克思的努力没有白费，费尔巴哈、海涅等人先后给他寄来了稿件，其中许多文稿都写得相当精彩。

《德法年鉴》于1844年正式出版了，这是第1期—2期的合刊号。《德法年鉴》以马克思、卢格、巴枯宁和费尔巴哈等人写的八封信件作为开篇，讨论并阐述了创办该杂志的背景和目的。针对卢格认为德国人民是甘愿忍受暴政的庸众、德国不会发生革命等悲观论调，马克思旗帜鲜明地阐明了自己的立场和观点。他认为，德国的封建专制制度极其反动严酷，它的唯一原则是蔑视人。而且德国确实存在一批政治庸人，但没有必要因此而对德国的前途心灰意冷。他正确地分析了德国发生革命的前景：由于存在残酷的政治压迫和经济剥削，阶级之间的剧烈对抗便在所难免，因此，德国必将发生深刻的政治革命。他写道："德国正在向着不可幸免的命运驶去，这命运就是即将来临的革命。"为了实现并完成这一革命，马克思直截了当地宣布了《德法年鉴》和德国革命民主主义者的任务是对现存的封建制度和普鲁士专制国家进行无情的批判。为了避免受社会上流行的各种错误思潮的误导，马克思一再告诫人们，新的杂志绝不是竖立起一面教条主义的旗帜，而是要研究社会的发展规律和革命斗争的经验，把理论批判与政治批判和实际斗争结合起来，成为正确指导和鼓舞人民革命斗争的强大理论武器。

马克思在《德法年鉴》中发表过两篇具有代表性的文章。一篇是《论犹太人问题》，阐述了政治解放和人类解放的概念并把它们加以区别，还强调指出了只有经过不停顿的革命才能从政治解放发展到人类解放，这样马克思在这里就谈及了一个非常重要的问题——资产阶级革命与社会主义革命有着根本的区别，后者必将随着前者而出现。在这篇文章里，马克思还对国家问题作了唯物主义的阐释。马克思在《德法年鉴》上发表的另一篇文章是《黑格尔法哲学批判导言》，与上篇文章在内容上有着十分密切的联系，它实际上回答了这样一个问题——哪一种社会力量能够克服政治解放的局限性并实现人类解放。

《德法年鉴》的出版吓坏了普鲁士政府，他们如临大敌，动用一切手段试图阻止这份危险的杂志进入普鲁士境内，并警告书商们不得出售该杂志，同时还下令，如果马克思等年鉴的撰稿人进入国境就立即予以逮捕。由于当权者的极力阻挠，所以只有1/3的杂志到达了读者的手中。这样一来，资金的周转便遇到了麻烦，年鉴下一步的出版工作也陷入了困境。

第四节　撰写《经济学哲学手稿》

在巴黎期间，马克思系统地研究了这些空想社会主义理论。从中汲取了某些合理、科学的成分，批判了那些消极的、空想的因素，为科学共产主义学说的建立打下了扎实的基础。1844年4月至8月，马克思在巴黎写了一部未完成的著作，在书中他把自己这一阶段的研究成果做了比较全面的叙述。过了将近一个世纪的时间，这本书才在苏联正式出版，定名为《经济学哲学手稿》。马克思在此书中对资产阶级经济学和黑格尔哲学进行了批判，全面论述了关于异化劳动的学说。"异化"这一术语以前曾在哲学界广泛应用，指的是主体在发展过程中转化为与自己相对立并反对自己的异己力量。但是，费尔巴哈研究的是宗教以及人的本质的异化，黑格尔研究的是绝对观念的异化，马克思在理论研究的过程中批判了他们关于异化的思想并加以继承和发展。在《经济学哲学手稿》中马克思还全面研究了劳动在人和社会发展进程中所起的作用，指出正是劳动使人类可以从事多方面的创造从而不断进步。但是在资本主义制度下，劳动产品不属于工人，而属于不劳动者，即资本家所有。工人在资本家的支配下劳动，这种劳动是非自愿的，劳动已不属于劳动者自己，而属于他人，劳动仅仅成为劳动生存的手段，他们失去了劳动的兴趣，异化劳动必然产生劳动与资本之间的尖锐对立。马克思在探讨了异化劳动的种种表现之后，还深刻挖掘了产生异化劳动的原因。马克思指出，社会中的种种异化形式都建立在一定的经济基础之上。劳动异化则根源于资本主义私有制度，正是这种制度使劳动者与生产资料相分离，劳动产品成为一种异己的力量与劳动者相对立，并导致了人们之间关系的疏远，以致一部分人可以对另一部分人进行剥削和统治。而异化劳动又造成了社会的两极分化，贫富悬殊使劳动与资本的对立日益剧烈，最终必将导致私有财产制度的崩溃，而共产主义的胜利则是历史发展的必然趋势。马克思通过对异化劳动的研究进一步揭露了私有制度的本质和罪恶，论证了共产主义社会产生的必然性。当然，马克思也预见到共产主义的实现还要经历一个漫长艰难的历史过程。

第五节 《前进报》——革命的新阵地

自从《德法年鉴》被迫停刊后，马克思一直试图寻找一份能够发表自己政治见解的刊物。他的这一愿望不久就实现了，一份名为《前进报》的报纸为他提供了这一可能。《前进报》的主办人伯恩施泰因并不是激进的革命者，但他却是一位精明的商人。他办报主要以营利为目的，因此，他最关心的是报纸的发行量和由此而带来的利润。由于《前进报》刊载了一系列内容激进的文章后受到了社会的广泛关注，订户猛增，经济效益明显好转，所以伯恩施泰因没有对报纸内容发生的变化进行干预，而是采取了默许甚至鼓励的态度，这对于该报向革命的方向转变是十分有利的。因此，《前进报》很快就吸引了更多的革命者和政论家的注意，其作者队伍越来越壮大。除马克思外，海尔维格、艾韦贝克、海涅、卢格、巴枯宁、毕尔格尔等人也先后加入了进来。

在西西亚纺织工人起义后，马克思在深入观察和了解工人起义的基础上发表了《评"普鲁士人"的＜普鲁士国王和社会改革>》一文。在这篇文章中马克思揭示了这次起义发生的原因和起义的重大意义。他指出工人阶级的贫困是资本主义制度所造成的，因此是一种普遍的现象，这是西里西亚织工起义发生的原因所在。他认为这次起义显示了德国工人阶级政治上的成熟，他们不仅捣毁机器，还销毁了账簿和财产契据——把剥削阶级和私有财产制度作为打击对象。起义还显示出一定的计划性，工人群众表现得非常英勇顽强。这些事实说明，德国工人阶级已经认识到自己与私有财产制度的对立。马克思在文章中还指出，起义证明了无产阶级这个社会改造者所具有的巨大力量，社会主义必须通过推翻现政权和破坏旧关系的革命才能实现。由于马克思等人的参与，《前进报》的政治倾向越来越激进，其社会主义色彩也日益浓厚，因此在进步人士和广大民众中的影响迅速扩大。西里西亚织工起义的爆发和卢格等人对工人群众的污蔑，促使马克思越来越深入地研究关于工人阶级的历史使命和无产阶级革命的目的、途径等重大理论问题。他彻底否定了认为可以依靠现存国家来实现社会的根本改造和消除贫困等错误思想，得出了贫困的根源是私有制。要想根除贫困，就必须进行彻底的社会革命的思想。这一事实意味着，马克思已经向得出无产阶级必须夺取政权的重大结论迈出了关键的一步。

《前进报》存在的时间并不长，但它的影响却在极为迅速地扩大，它的周围团结着一批革命民主主义者和共产主义者。他们在报上讨论有关无产阶级的状况和历史使命等重要的问题，积极宣传正在形成之中的共产主义观点，对于推动国际工人运动的发展起到了重要作用。因此，它受到了反动势力和统治当局的粗暴攻击和迫害。许多反动刊物污蔑它是最坏、最危险的报纸，甚至叫嚣不能让它生存下去。1844年12月，法国政府公开宣布封闭《前进报》。

第六节　首次与恩格斯合作——《神圣家族》

1844年夏，马克思同恩格斯建立了伟大的友谊。在此之后，他们开始了长期的合作。由于志向相同、思想观念一致，马克思和恩格斯很快便完成了一部著作。起初，他们把书名定为《对批判的批判所做的批判——驳布鲁诺·鲍威尔及其伙伴》，但付印时马克思用它作了副标题而另加了一个主标题——"神圣家族"。这原来是意大利文艺复兴时期一幅名画的名称，画中人物是圣母玛利亚怀抱圣婴耶稣，旁边围绕着玛利亚的丈夫圣约瑟以及许多圣经人物。马克思用这一名称来讥讽鲍威尔等人凌驾于芸芸众生之上的那种不可一世的狂妄形象。

《神圣家族》首先是一部哲学著作，它对哲学中的许多重要问题进行了研究，站在彻底的唯物主义立场上对青年黑格尔派的哲学体系进行了解剖批判，为辩证唯物主义奠定了基础。马克思在批判青年黑格尔派哲学时，深刻揭示了唯心主义认识论的根源，他指出，把一般与特殊、个别与绝对割裂开来是错误的，应正确理解从可感知的具体事物的世界向一般概念的转化。而青年黑格尔派则把个别与一般完全割裂开来，从而坠入了形而上学唯心主义的死胡同。对于辩证法的正确理解也是《神圣家族》的重要内容，该书作者用辩证的眼光对社会现象进行了观察，发现它们固有的内在矛盾，而这些矛盾斗争则是社会发生变化和革命的内部条件。

《神圣家族》还批判了唯心主义历史观，提出了正在形成的唯物主义的历史观的一系列基本原理。马克思、恩格斯指出，历史的真正创造者是人民群众，正是他们的劳动和斗争推动了人类社会的进步。因此，群众中蕴含着巨大的力量。马克思和恩格斯还论述了精神力量在历史上的作用问题，认为思想是对客观现实的反映，进步的思想反映了历史发展的趋势，代表了进步的阶级利益，从而通过指导人的活动对社会发展起推动作用。但是，思想从来不能超出旧世界秩序的范围，在任何情况下，它只能超出旧世界秩序的思想范围，思想根本不能实现什么东西，为了实现思想就要有使用实践力量的人。

另外，《神圣家族》一书中还包含着一些重要的科学社会主义理论。马克思在书中第一次提出了无产阶级的历史作用是由社会经济条件所决定的观点。他认为，在资本主义社会中私有制与无产阶级的对抗是始终存在的，随着资本主义关系的发展使这种对抗不断产生，剥削阶级为了自身的利益要求保存这种关系，而无产阶级为了改变自己的命运则力图消灭这种关系。因此，无产阶级的这种客观状况就决定了它肩负着摧毁资本主义制度的使命。当无产阶级意识到这一点时，他们就会为完成这一伟大历史使命而联合起来进行英勇的斗争。

《神圣家族》的出版在社会上引起了巨大的反响。一些进步的报纸纷纷发表文章给予高度评价，认为它是马克思、恩格斯迄今写的最有深度和力度的一部著作；而那些反动保守的报刊则对该书表现出强烈的愤怒和深深的敌意，但他们在攻击谩骂的同时，也不得不承认该书作者具有渊博的学识，并善于运用辩证法的武器。总的看来，《神圣家族》虽不是马克思、恩格斯成熟时期的作品，但确实在理论研究上取得了重大突破，是他们在建立共产主义理论和与自己的思想敌人划清界限的道路上的一个重要里程碑，它在革命知识分子中间产生了十分深远的影响。书中得出的某些重要结论，在他们以后的科学研究中日益完善，并在历史的发展进程中被一再证明是正确的。这部著作标志着他们伟大而漫长的共同战斗历程的开始。马克思和恩格斯在巴黎相聚的日子里，他们相互间有了全面深刻的了解，都给予对方以高度的评价，他们开始共同向旧世界发起猛烈的冲击，并在战斗中结下了牢不可破的友谊。从此以后，这两个伟大的名字和他们的事业就永远地联系在一起了。

第七节　内容深刻的《费尔巴哈提纲》

　　1845年1月，迫于普鲁士政府的压力，法国政府决定关闭《前进报》。随后，巴黎警察闯入马克思家中，代表政府宣布了对马克思、海涅、毕尔格斯等人的驱逐令，限令马克思在24小时之内离开巴黎。此时，马克思决定到当时还有一点民主气息的比利时去。

　　1845年2月1日，马克思和他的家人来到了布鲁塞尔，但随后他发现这里的政治气氛并不像原先想象的那么宽松。因为比利时当局也很害怕马克思的革命思想，并在他到达后不久就命令警察部门对马克思进行严密的监视，要求马克思不得在比利时境内发表有关当前政治问题的文章。但普鲁士政府仍嫌不足，对比利时政府施加了强大的压力，要求把马克思驱逐出境。这样马克思不得不于1845年底公开宣布放弃普鲁士国籍。从此以后，马克思成了一个没有国籍的人，一个真正的世界公民。

　　《神圣家族》出版后不久，马克思于1845年春天写下了《关于费尔巴哈的提纲》，这份只有5页的手稿记录在1844年至1847年马克思使用的笔记本里，一共有11条，显然是匆匆写就以供进一步研究使用的。但它的内容却十分丰富深刻，提纲对费尔巴哈旧唯物主义的缺陷进行了深入的批判，并阐述了一些最基本的哲学原理。

费尔巴哈对哲学的基本问题做了正确的解释。他的哲学思想对于马克思主义的形成起过重要作用，但是费尔巴哈仍没有摆脱旧唯物主义的局限性。因此，马克思在《关于费尔巴哈的提纲》中对它进行了深刻分析，并在此基础上提出了许多新的哲学观点，比如革命实践在社会生活中具有决定作用。在谈到认识的出发点、标准和目的等问题时，马克思认为人的认识是否正确，这不是一个理论问题，而是实践的问题。认识只有通过实践的检验才能证明其真理性，实践不仅是检验真理的标准，而且是唯一标准。他还认为，人是环境的产物，但我们所生活的环境则是历史的产物，是人类实践的结果。人的实践活动不仅改变环境，而且也改变了人自身，人是一切社会关系的总和。费尔巴哈把人看作孤立的个体，这是形而上学的观点。马克思认为人生活在社会之中，人的实践是社会性的。在实践中，人与自然、人与人之间都发生关系。人只有在一定的社会关系下才能从事生产实践，每个人都生活在特定的社会中，是各种特定社会形态的产物。

另外，在《关于费尔巴哈的提纲》中马克思还宣扬彻底的无神论，并批判了旧唯物主义的直观性和形而上学。他指出，仅仅把宗教归结于世俗基础是远远不够的。宗教产生于这个世俗基础的矛盾之中，产生于社会对抗之中。因此，要铲除宗教就必须进行社会革命。马克思用革命实践来对抗旧唯物主义的世界观，以辩证的唯物主义来取代旧唯物主义。他指出，以往的哲学都是以不同的方式解释世界，而新唯物主义不仅要解释世界，而且要改变它。《关于费尔巴哈的提纲》是马克思本人新哲学思想体系的构思，其内容相当丰富深刻。它尖锐地批判了旧唯物主义的根本缺陷，提出了一些崭新的思想观点。对于辩证唯物主义的形成起到了重要作用。虽然它篇幅很短，但它在马克思主义发展史上的地位却是十分重要的。如同恩格斯所说："这是一份'包含着新世界观'天才萌芽的第一份文件。"

第八节　未曾出版的《政治与政治经济学批判》

在巴黎居住期间，马克思开始对政治经济学产生了浓厚的兴趣。为此，他做了许多研究工作，并打算写一本大部头的经济学著作。马克思为这本书定名为《政治和政治经济学批判》，并与一位巴黎书商卡威列斯凯签订了出版合同。写这样一本洋洋大观的经济学论著必须有充分详实的资料作为依据，于是马克思放下手头的其他工作，一头钻进图书馆和档案室中，大量搜集摘抄各国各地区的有关经济方面的论著和资料，特别着重研究了有关机器的使用、价格的变化、货币、金融以及人口等问题。与此同时，他还阅读了大量经济学论文和著作，做了深刻的研究分析。

《政治经济学批判》一书的写作工作进展很快。到1846年年初，它的第一卷已基本写完。但是这本耗费了马克思大量心血的书最终却未能出版。原因是普鲁士反动当局出面进行了阻挠，他们指使警方与出版商交涉，不允许其出版马克思的书。为此，出版商要求马克思只写学术问题，不要牵涉到政治问题，但却遭到了马克思的断然拒绝，于是出版商单方面地取消了合同。《政治经济学批判》一书虽未能面世，但马克思这一阶段的研究仍取得了重大成果，并丰富完善了他的政治经济学理论。他的许多经济方面的思想观点日后在《德意志意识形态》和《资本论》等著作中得到了充分的阐释。

第九节 英国调研——撰写《德意志的意识形态》

1845年7月，在恩格斯的陪同下，马克思去英国进行了一次为时一个半月的旅行。他们的这次英国之行收获颇丰——在理论研究和社会实践方面受到了巨大启迪。一回到布鲁塞尔，马克思就着手整理从英国带回来的资料，继续进行经济学的研究工作。但通过一个阶段的研究，马克思逐渐发现要想建立起真正科学的、完善的新经济理论体系，就必须首先对旧的经济学理论进行清算，而要做到这一点，又必须批判地改造方法论基础即它的哲学基础，对正在流行的哲学和社会学说进行系统的批判。因此，马克思决定暂时停下手头的工作与恩格斯一起对德国的哲学体系作一次全面深刻的批判,写一部有分量的著作。马克思、恩格斯撰写这部著作历时6个月,到1846年4月最终完成,并把这部著作定名为《德意志意识形态》。这部著作共分为两卷,第一卷题名为《费尔巴哈唯物主义观点和唯心主义观点的对立》,其中第一章阐述了作者的基本理论观点。另外两章对青年黑格尔派的代表人物,鲍威尔、麦克斯和施蒂纳等人进行了批判。第二卷题名为《对各式各样先知所代表的德国社会主义的批判》,主要批判了真正社会主义的代表泽米希·马特伊和格律恩等人的哲学观点。

《德意志意识形态》主要包含了以下具体内容:

本书对青年黑格尔派和德国的社会主义进行了严肃的批判。马克思、恩格斯认为青年黑格尔派虽然反对社会压迫和政治压迫,但他们认为达到这一目的不需要进行必要的革命斗争,只要进行理论的批判即消除社会压迫和政治压迫的思想意识就可以了。因此,青年黑格尔派实际上在政治上极为保守。另外,马克思、恩格斯还对德国的社会主义调和劳资矛盾、削弱无产阶级反对资产阶级的革命斗争的思想观点进行了批判,指出他们是一群空谈家,并深刻揭示了德国的社会主义产生的社会阶级条件,详尽阐述了历史唯物主义的基本原理。马克思、恩格斯指出,人类在从事政治、科技、文化和宗教活动之前,首先需要解决衣、食、住等问题,而要获得维持生存的物质资料只有进行生产活动。这是人类历史的最基本的条件。正是物质资料的生产把人与动物区别开来，他们通过生产劳动改变了自然，同时也改造了人类自身。马克思、恩格斯告诉人们自然界和物质是意识的源泉，而意识则是由自然界和物质派生的，不是意识决定生活，而是生活决定意识，不是社会意识决定社会存在，而是社会存在决定社会意识。这样一来，马克思、恩格斯就把唯物主义引入了社会和人类历史研究领域，从而创立了历史唯物主义学说。马克思、恩格斯分析了各种社会经济形态发展的概况，揭示了资本主义必然灭亡的历史规律。他们指出，社会经济形态的发展是由生产关系适应生产力性质这一规律所决定的，因此，是不以人的主观意志为转移的。马克思、恩格斯科学地把社会经济形态分为五类：即原始公社制、奴隶制、封建制、资本主义、社会主义或共产主义，并指出资本主义是人类历史上的一种暂时的社会形式，社会生产力的高度发展必将为资本主义的消亡和社会主义的胜利创造充分的物质条件，实现共产主义是人类历史发展的必然趋势。在这里，马克思、恩格斯还特别阐释了无产阶级革命的必要性问题。他们指出，每一个力图取得统治的阶级，如果它的统治就像无产阶级的统治那样，预定要消灭整个旧的社会形态和一切统治都必须首先夺取政权。而在资本主义社会中，社会生产力的高度发展为社会革命提供了充分的物质条件。其一是生产的高度发展已为它的私有制外壳所无法包容，而对于共产主义社会则是必需的。其二是无产阶级队伍的空前发展使革命阶级的力量日益壮大。因此，人类将通过社会革命消灭私有制向社会主义和共产主义社会过渡。

《德意志意识形态》一书还概述了共产主义社会的某些特征。马克思、恩格斯通过对现存社会关系的研究对未来理想社会进行了科学的预见。他们认为这个社会将消灭生产资料私有制度，生产资料将由社会共同占有，社会划分为阶级的现象将消失，国家也将消亡；城乡之间、脑力劳动和体力劳动之间的差别将不复存在；人们将调节生产，并使社会的发展服从自己的规划，人的才能和天资得到全面发展和充分利用；人在改造自然和社会的同时也改造自身等。

《德意志意识形态》一书的完成是人类思想发展史上的重大时刻之一。正如恩格斯所说："社会主义之所以能够从空想变为科学，应归功于马克思的两个伟大发现，即历史唯物主义和剩余价值论。"其中第一个发现便是在《德意志意识形态》一书中第一次被全面阐释的。这样，唯物主义便被引入了社会和历史研究领域，从而克服了旧唯物主义的不彻底性，为人类提供了科学地认识社会和人类历史的正确方法，使人们认识到无产阶级是能够使全人类获得解放的社会中坚力量。另外，马克思、恩格斯还在该书中第一次论证了科学共产主义，为无产阶级的革命斗争指出了美好宏伟的远大目标。

《德意志意识形态》一书所阐述的理论为他日后的科学研究工作奠定了坚实的基础，并成为无产阶级进行革命斗争的强大思想武器。不久以后，马克思就在其他著作里把这些理论更为完整精确地公诸于世了。直到86年之后，即1932年，《德意志意识形态》才第一次以德文出版，但由于老鼠啃咬，书中留下了不少残缺空白之处。

第十节　判对蒲鲁东主义——《哲学的贫困》

1847年初，为批判蒲鲁东主义方法论中的唯心主义和形而上学倾向，马克思著述了《哲学的贫困》一书。在书中，马克思对资产阶级经济学家的根本缺陷进行了深入分析。他指出，他们把货币、价值、分工等说成是永远不变的范畴，这是想把资本主义生产规律描绘成永远支配社会经济发展的规律，是极其错误的。他认为，每个生产阶段都是随着特定的历史时期而产生和消亡的，资本主义的生产规律也必将如此。同时，他还对经济学的许多范畴阐述了自己的看法。他认为，价值是体现在商品中的人的劳动，它起源于劳动的产品，成了商品对象的历史阶段，它是由生产商品所消耗的社会必要劳动时间决定的。只有在生产具有社会性，而劳动还不是直接社会劳动之时，人们生产出的产品才能变成商品并具有价值，价值体现了商品生产者们的社会关系。马克思还在书中论述了历史唯物主义的一些基本原理。例如，生产力的发展对生产方式更替所起的推动作用，生产力与生产关系的辩证关系等。他指出，随着生产力的发展，人们必将改变自己的生产方式，并进而改变自己的社会关系。他还认为生产力不仅仅是指生产工具而言，还包括了劳动者自身。马克思在书中初步提出了他所发现的剩余价值理论的一些原理。虽然他此时还在使用古典经济学派的一些概念，如劳动价值、劳动价格和作为商品的劳动等，但古典经济学家只是把劳动看成同其他商品同样的商品，而马克思则赋予这些概念以新的内涵。他把劳动看作特殊的商品，通过使用这种商品，资本家可以获得财富，而工人则饱受剥削。因此，资本主义制度必然造成一些阶级日益富裕起来，而另一些阶级则在贫困中遭受煎熬，造成极大的贫富不均。这些理论后来在马克思的著作中得到了进一步的阐释。另外，马克思在书中还批判了蒲鲁东否定工人进行罢工斗争、经济斗争和组建工会的意义。马克思认为，对于工人来说工会是阶级斗争的学校，也是工人向剥削制度发动进攻的一种准备形式。资本主义把劳动者变成一无所有的工人，工厂主剥削他们，竞争则使他们陷入分裂状态，而工会组织则把他们团结起来向资本家进行战斗。在争取改善生活状况所进行的斗争中，工人阶级的觉悟也将逐步提高，因为经济斗争与政治斗争是统一的。因此，通过经济斗争、罢工、组建工会等斗争方式，对于团结教育工人群众具有十分重要的意义。

第十一节 伟大的《共产党宣言》

随着工人运动的迅速发展，无产阶级越来越深刻地认识到必须把自己的阶级力量团结和组织起来。马克思、恩格斯在参加革命实践和从事理论研究的过程中，也日益深刻地认识到了建立无产阶级政党的重要性和紧迫性。"正义者同盟"的前身是由德国的政治流亡者建立的秘密团体——"流亡者同盟"。1837年，一部分激进的民主派分子从这个组织中分离出来，在巴黎正式成立了"正义者同盟"。1847年5月召开国际共产主义者代表大会。第一次代表大会后，共产主义者同盟做了大量的工作。但是各地工作的开展情况是很不平衡的，有些地区的工人运动迟迟没有发动起来，同盟的基层组织处于涣散无力的状态。面对这种情况，共产主义者同盟中央委员会决定在1847年11月底召开同盟的第二次代表大会。共产主义者同盟第二次代表大会还取得了另一个重要成果，即同盟全面接受了马克思创立的科学共产主义理论，并委托他和恩格斯为同盟起草纲领。二大结束以后，马克思和恩格斯回到了布鲁塞尔，便立即投入到了紧张的起草党纲的工作之中。在写作时，他们认真参照了恩格斯的手稿《共产主义原理》，并很快就草拟出了大部分章节。1847年年底，恩格斯因故返回巴黎。最后的定稿工作便由马克思独自承担了。

1848年2月末，这部渗透了马克思、恩格斯多年心血的划时代的著作出版了。书上没有署名，作者想以此告诉世人，这不是一部个人的作品，而是全世界共产主义者的战斗宣言。灰绿色的硬皮封面上清清楚楚地印刷着共产主义者同盟的口号——全世界无产者联合起来。

《共产党宣言》回答了历史向人们提出的一系列十分严肃的问题：怎样才能消灭现存社会中的最大罪恶——剥削和压迫，使全人类过上和谐美满的生活。为什么一代代志士仁人抛头颅、洒热血为建立新的理想社会而英勇奋斗，最终都是以失败而告终？为什么通过宣传说教和社会改良等办法都未能根本触动旧的社会秩序？这是多少个世纪以来人类为之苦苦探索而又感到困惑不解的问题。此时，马克思和恩格斯运用科学共产主义理论找到了问题的答案。

《共产党宣言》被列宁称之为科学共产主义的出生证。它第一次全面系统地阐述了科学共产主义的基本原理，概括总结了马克思、恩格斯经多年研究所得出的科学结论和国际工人运动积累的丰富经验。书中还对马克思、恩格斯创立的科学理论体系，对哲学、政治经济学和科学社会主义作了概要性的论述，并批驳了各种资产阶级和小资产阶级错误思潮对共产主义的诽谤和歪曲。《共产党宣言》不愧为科学共产主义的伟大经典，它深刻揭示了资本主义的内部矛盾，证明了资产阶级的失败和无产阶级的胜利是合乎历史规律的。马克思指出资产阶级是生产方式和交换方式的一系列变革的产物，它是随着商品经济的发展而产生的，随着资本主义生产关系的发展而不断成长壮大，并最终推翻封建主阶级的统治，建立了资本主义社会。因此，资产阶级在历史上曾经起过非常进步的作用。但是，这个阶级本身带有严重的局限性。它用资本家的剥削代替了封建剥削，用赤裸裸的金钱交易代替了封建宗法关系和伦理道德。它使乡村从属于城市，使经济发展落后的国家从属于发达的国家，使劳动从属于资本，进而造成了社会的两极分化。工人阶级陷入了赤贫如洗的状态，生产资料和财产日益集中到少数资本家手中，资本主义生产日益壮大。但是，在资本主义经济空前繁荣的表象下面却蕴含着深刻的矛盾。特别是生产的社会化同生产资料的私人占有这一资本主义社会的基本矛盾，严重困扰着资本主义社会，由此导致了一系列尖锐的社会冲突，并引发了社会的竞争和周期性的经济危机。这些情况表明，资本主义生产关系的外壳已经不能包容它所造成的社会财富了。而这一矛盾是不可能由这个社会本身来解决的，社会化的大生产要求改变现存的占有方式，即要求废除私有制，用社会主义和共产主义的公有制度取而代之。《共产党宣言》论证了阶级斗争对于推动人类历史前进所起的作用和工人阶级的伟大历史使命。马克思和恩格斯指出，资本主义制度是不会自动消亡的，只有通过阶级斗争和无产阶级革命才能摧毁这一社会制度。他们认为自从原始社会解体以来，阶级斗争一直都是推动历史发展的主要动力。资产阶级不仅锻造了置自身于死地的武器，它还产生了将要运用这种武器的人——现代的工人，即无产者。在资本主义制度下，工人成了资产阶级及其国家的奴隶，他们处于受剥削压迫的社会最底层。无产阶级与资产阶级两大阶级的对抗构成了资本主义社会的主要矛盾，无产阶级只有起来推翻资产阶级的统治才能获得自身的解放。工人阶级集中在资本主义企业中，这种状况不仅培养了他们的组织纪律性，而且使他们最易于团结起来与敌人战斗。他们与社会化的大生产相联系，代表了先进的生产力，具有远大的政治眼光，受剥削压迫的处境又使得他们成为最彻底的反资本主义战士。他们自身一无所有，在斗争中失去的只是锁链。因此，无产阶级革命的目的就是消灭资本主义制度并最终消灭人对人的剥削压迫。

《共产党宣言》揭示了无产阶级革命的基本规律，并对共产主义制度的某些基本特征做了较详细的描述。马克思和恩格斯认为，无产阶级和资产阶级自诞生之日起就存在尖锐的矛盾斗争。这一斗争在最初阶段采取了自发的暴动和捣毁机器等方式，但随着工人阶级力量的壮大和日益成熟，他们开始联合起来进行有组织的斗争，最后必将发展成为推翻资本主义社会的革命。马克思和恩格斯指出，无产阶级革命首先要使无产阶级上升为统治阶级，争取民主权利。然后剥夺资产阶级的全部资本，使全部生产工具掌握在无产阶级国家手中，从而迅速地发展社会生产力，并最终过渡到共产主义社会。《共产党宣言》中虽然没有出现无产阶级专政的字样，但已经较系统地论述了建立无产阶级国家和无产阶级专政的思想。马克思和恩格斯还对共产主义社会的某些特征进行了描述。他们认为，在这种社会制度下，一切剥削和社会奴役将被消灭；民族压迫、殖民统治和战争也将消失，物质生产达到真正的繁荣；生产力获得高度发展，劳动不再为少数剥削者发财致富服务，而是为了所有人的幸福服务；全体社会成员的物质和精神需要将得到最大限度的满足；脑力劳动与体力劳动的差别将被消除，城乡对立将被消灭，妇女将同男子一样自由平等地发挥她们的才智；婚姻也不再是金钱交易，孩子们将生活在幸福的环境之中，全社会都关心他们的教育和前途；共产主义社会体现了真正的人道主义原则，人们会享受到真正的自由；个人利益与社会利益协调一致，等等。《共产党宣言》还深刻阐释了无产阶级革命政党的重要性和历史作用。马克思、恩格斯认为无产阶级要取得革命的胜利就必须组建一个自觉的无产阶级政党。阶级斗争的实践充分证明了没有共产党的领导，无产阶级就不可能完成夺取政权和改造社会的历史重任，共产党始终是无产阶级根本利益的真正代表者。《共产党宣言》中写道："在实践方面，共产党人是各国工人政党中最坚决的、始终推动运动前进的部分；在理论方面，他们比其余的无产阶级群众优越的地方在于他们了解无产阶级运动的条件、进程和一般结果。"马克思、恩格斯指出共产党的最近目的是使无产阶级形成为阶级、推翻资本主义制度、夺取政权。党的最终目的是彻底消灭剥削和阶级，实现共产主义理想。

第十二节　政治经济学著作——《资本论》

1859年写完《政治经济学批判》一书后，马克思曾计划在6个星期内写完《资本论》。但由于种种原因，这一计划被整整推迟了8年。《资本论》一书是马克思集毕生所学撰写出的划时代的政治经济学著作，但它的诞生与恩格斯也有着十分密切的关系。

在《资本论》第一卷的第一篇中，马克思批判地继承了古典经济学的成就，创立了科学的劳动价值论，从而为马克思主义政治经济学奠定了坚实的基础。正如恩格斯所说，这一理论对世界产生了像晴天霹雳般的影响。马克思创立的劳动价值论的基本内容有：商品二重性问题、劳动二重性问题、价值形式、货币问题和价值规律等问题。其中，劳动二重性问题是核心，马克思正是因发现了包含在商品中的劳动的二重性，才揭示出了商品经济的内在矛盾，并通过商品的使用价值和价值的关系、价值的本质、价值量以及价值形式和价值规律等问题，建立了科学的劳动价值论。

马克思认为，商品的二重性是由体现在商品中的劳动二重性决定的，一切产品来自于生产劳动，且只有生产商品的劳动才有二重性,即具体劳动和抽象劳动。具体劳动是在一定形式下进行的劳动。如把铁炼成钢,把木锯成材,把布裁成衣等,商品的使用价值是由具体劳动创造的,它反映了人与自然的关系。抽象劳动是撇开各种具体形态的、一般的、无差别的人类劳动。商品的价值是由抽象劳动形成的,通过对商品的剖析研究,马克思发现不同商品之所以能互相交换,不是根据它们分别包含的具体劳动决定的,而是根据它们分别包含的抽象的人类劳动决定的,因为只有这样才能作量的比较。因此,商品是由抽象的人类劳动所创造的,而价值本身就是抽象劳动,它体现着商品生产者之间的关系。

马克思在这部书中还研究了价值的表现形式、货币的来源和本质等问题,从而揭示出了资本主义一切矛盾的萌芽,为全面深刻地剖析资本主义生产关系奠定了理论基础。在《资本论》第一卷第二篇至第六篇中,马克思研究了资本主义生产过程,创造了剩余价值理论。马克思创造剩余价值理论是从分析货币转化为资本入手的。他认为,资本最初表现为一定量的货币,但货币并非从来就是资本,货币转化为资本的前提是劳动力成为商品,并出现可以自由出卖劳动力的无产者。劳动力商品具有一种特殊属性,它能够创造价值并能创造出比自身价值更大的价值。马克思分析指出,资本家购买了劳动力后便强迫他们从事繁重的劳动,其目的是为了追求剩余价值。剩余价值是在生产过程中被创造出来的。例如，工人通过8个小时劳动就能创造出自身生活费用的价值，即抵偿了资本家支付的工资。但如果资本家只让工人工作8小时便无利可得，因此资本家必然会让他们工作更长的时间。例如，10小时，这样额外的2小时就成了无偿劳动，被资本家白白占有了。可见，资本家把工人的劳动时间延长到补偿劳动价值所需要的劳动时间以上，从而使劳动力的使用所创造的价值超过了劳动力本身的价值，而超过的这一部分就是被资本家无偿占有的剩余价值。在这里，马克思深刻地揭露了资本主义剥削的秘密，揭露了资本家剥削奴役工人的狡诈手段，告诉人们追逐剩余价值是资本主义生产方式的绝对规律。

另外，马克思在书中还分析研究了资本主义制度下工资的本质、资本积累的实质形式和发展规律以及剩余价值资本化问题，从而深刻地揭示了资本主义的内在矛盾，得出了资本主义必然灭亡的科学结论。

《资本论》（第一卷）的问世是政治经济学领域内发生的一场伟大革命，是掷向资本主义制度的一枚重磅炸弹。以往的经济学家们大多是从唯心史观和形而上学的立场出发来对待社会和历史的，他们不理解资本主义生产方式的暂时性及其深刻的内在矛盾，认为资本主义制度是自然合理的，并把资本主义经济规律视为永恒不变的普遍规律。马克思在《资本论》中从辩证唯物主义和历史唯物主义观点出发，从分析商品入手全面分析了资本主义社会发展的客观规律，精辟透彻地阐释了剩余价值理论，揭示出了资本剥削的奥秘，从而论证了资本主义生产方式不过是历史发展中一定阶段的产物，且必然在一定的历史条件下走向灭亡。马克思用极其富有逻辑性的语言说明了这个道理，他在书中写道："资本主义生产方式本来是随着资本垄断而产生，并在垄断制度下发达起来。"可是现在资本垄断成了这种生产方式的桎梏，当生产资料的集中和劳动的社会化达到了同它们的资本主义外壳不能相容的地步时，这个外壳就会被炸开，资本主义私有制的丧钟便会敲响，剥夺者就要被剥夺了。马克思的这一结论彻底打破了关于资本主义永世长存的神话，鼓舞了千千万万工人群众为推翻这一腐朽制度而进行的革命斗争。《资本论》一书的问世震撼了整个资本主义世界，使依靠剥削工人剩余价值为生的资本家阶级及其辩护士们惊恐万状、惶惶不可终日，而广大无产阶级则热烈欢迎它的诞生，把它看作无产阶级的"圣经"和提高自己阶级觉悟从而获得自身解放的强大理论武器。

1867年9月召开的代表大会上，第一国际作出了学习《资本论》的重要决定。1868年9月，第一国际布鲁塞尔代表大会又专门通过一项决议——感谢《资本论》的作者马克思为人类做出的巨大贡献。很快，《资本论》第一卷被翻译成法文、俄文和英文等各种版本在世界各国广为流传。

第四章　勇于实践的革命者

第一节　密切联系工人群众

　　来到巴黎后，马克思一方面筹办新杂志，一方面做了大量的科学研究工作。他全面研究了欧洲各国的历史，对德国古典哲学、法国的空想社会主义和英国的古典政治经济学做了深刻系统的探讨，并根据自己的政治经验对这些优秀的人类文化遗产进行了科学的分析和总结。为了能够批判性地继承这些文化遗产，创立一个能为无产阶级革命斗争提供正确指导的科学理论体系，马克思亲身参加了当时火热的工人运动，考察了工人阶级的生活状况和革命斗争情况。

　　一天清晨，马克思换上一身洗得已发白了的旧衣服，匆匆走出了家门。他步行来到了市郊的一个贫民区，走过了一条条拥挤肮脏的小胡同和一排排彼此十分相似的破旧的房屋，最后在一个低矮狭窄的宅院门前停了下来。敲过暗号后，院门打开了，一个工人模样的人用警惕的目光上下打量着他。马克思从容地回答了暗号，于是他被领进了一座房子，房间里阴冷潮湿，浑浊的空气弥漫着一股浓烈的劣质香烟的烟气。在昏暗摇曳的烛光中隐隐可以看见拥挤着的十几个人——巴黎的一个工人秘密组织正在这里开会。经朋友介绍，马克思前来参加旁听，这是马克思初来巴黎时深入考察工人运动的一个场景。在巴黎居住期间，马克思经常深入到工人群众之间。

马克思在巴黎一共居住了一年零三个月。在这期间，他与巴黎工人阶级和各国革命流亡者建立起了十分密切的联系。他参加过许多次工人集会，在会上发表过演讲，与很多工人谈过心，也结识了不少社会主义理论家和工人运动的活动家。在这一过程中，马克思更深刻地了解了资本主义制度下工人阶级受压迫的地位，掌握了法国工人运动的不少有益的政治斗争经验，也更坚定了他对无产阶级具有伟大历史使命的信念。另外，他还清楚地看到工人运动的发展还处在很不成熟的阶段，工人阶级还受到空想社会主义等各种糊涂观念的严重影响。这种情况表明，工人运动极需要得到正确理论的指导。

在深入工人群众的过程中，马克思还与一些工人组织和外国流亡者的秘密团体取得了联系，德国流亡者的秘密组织——正义者同盟就是其中最著名的一个。

第二节　西里西亚纺织工人爆发起义

1844年德国西里西亚纺织工人爆发起义。随着大工业的发展，德国工人阶级的队伍不断壮大，但他们所遭受的剥削也越来越严重，劳资矛盾异常尖锐。西里西亚是德国工业的重心之一，这种情况表现得尤为突出，工人阶级受到资本家和土地所有者的双重剥削压迫。西里西亚的织工们为了得到外出做工的权利，要向地主缴纳特别的捐税。为了赢得更多的利润，资本家任意压低工人工资、延长工作时间，工人的劳动条件日益恶化，工人及其家属不得温饱，日夜挣扎在死亡线上。工人阶级与资产阶级、统治当局的矛盾已经达到了一触即发的程度。

1844年6月4日，纺织工人聚集在了他们最痛恨的大工厂主茨文兹格尔门前，抗议资本家对工人的压迫剥削，结果惨遭毒打和逮捕。工人们在忍无可忍的情况下发动了起义，捣毁了茨文兹格尔的住宅，销毁了账本和财产契据。随后，各地工人纷纷响应，罢工和示威的浪潮此起彼伏。面对工人阶级的战斗，统治阶级暴露出了凶残的真面目，他们立即调集重兵进行严厉镇压。对此，工人阶级则奋起反抗，他们纷纷拿起木棍、石块、铁棒抗击，与反动军队进行了英勇的战斗。最后，工人起义因寡不敌众被残酷地镇压下去了，数百名起义者被判处徒刑或强制劳动。

西里西亚织工起义爆发以后，社会上的各个阶级对它的反应是截然不同的。如前所述，德国政府实行高压政策，用武力把工人起义淹没在血泊当中。与此同时，他们还采取了软的一手，他们利用虚伪的慈善活动和教会的宗教宣传，以掩饰其凶残的真面目，软化和麻痹劳动群众的反抗精神。而资产阶级则完全站到了政府一边，顽固地维护其对工人阶级的残酷剥削和压迫。

马克思是怀着高度赞赏和深切同情的心情观察西里西亚织工起义的，他极为痛恨卢格等人对起义所抱的轻蔑态度。为了批判卢格的错误观点，揭露资本主义的罪恶本质，颂扬工人阶级的战斗精神，马克思在《前进报》上发表了《评"普鲁士人"的<普鲁士国王和社会改革>》一文。

第三节　英国考察

1845年7月，马克思同恩格斯去英国进行了为时一个半月的考察。

根据恩格斯的建议，马克思来到曼彻斯特居住。在曼彻斯特期间，马克思还认识了三位著名的德国流亡者——钟表匠约瑟夫·莫尔，他是卓越的工人运动领导人、演说家，后来在1848年革命中英勇牺牲。鞋匠亨利希·鲍威尔，他是工人运动活动家，正义者同盟的领导人之一，后来也积极参加了1848年革命。还有一位大学生，他当时边打工边从事工人运动，后来与马克思长期保持着密切的联系。马克思亲切会见了他们，并就英德等国工人阶级的状况、革命斗争和社会主义理论等问题与他们全面交换了意见。离开曼彻斯特后，他们一行又来到英国首都伦敦，在这里考察了英国工人运动的状况，并与宪章派领导人和正义者同盟等组织建立了联系。他们在这里结识的重要人物有宪章派著名领袖和正义者同盟领导人卡尔·沙佩尔以及一些工人运动活动家。他们出席了宪章派在天使酒馆举行的会议，恩格斯还发表了即席演说，阐述了他和马克思的一些基本政治观点，并支持建立国际性革命组织的建议。马克思和恩格斯离开英国后不久这个组织就成立了，它的名字叫"民主派兄弟协会"。

第四节　建立政党

马克思已经成功地论证了社会主义是社会生产力发展的最终目标和必然结果这一历史规律。但是他创造这一理论的目的绝不仅仅是做做宣传，而是为了改造世界，即革命理论要与革命实践相结合，变成改造社会的巨大物质力量。这是一件十分艰巨复杂的政治任务，只能一步一步地进行，且要做大量深入细致的具体工作。

马克思认为，首先必须加强思想宣传工作，把科学的革命理论深入到工人运动中去，使工人群众相信这一理论的正确性。但是马克思也看到，在当时的许多国家中工人运动还处在初期发展阶段，大型企业中的产业工人的数量还不多，在工人阶级中占据优势的仍然是手工业工人。根据当时的资料统计，即使在工业比较发达的巴黎，产业工人也只占工人总数的1/8。无产阶级的队伍不够壮大并处在比较分散的状态，难免会受到资产阶级或小资产阶级社会主义思潮的影响，所以进行思想宣传工作是比较困难的。为此，马克思决定建立一个通讯委员会式的组织，通过这种方式在各国革命者之间建立起紧密的联系，相互传递信息，了解各国工人运动和理论研究的动态，宣传科学共产主义理论，批判危害工人运动的各种错误思潮，逐渐统一思想以便团结真正的革命者，建立起一个真正的无产阶级的革命政党。事实证明，马克思的这一构想是完全正确的。1846年2月，马克思、恩格斯与几位志同道合的朋友创建了布鲁塞尔共产主义通讯委员会。

第五节　共产主义者同盟

随着工人运动的迅速发展，无产阶级越来越深刻地认识到必须把自己的阶级力量团结和组织起来。马克思、恩格斯在参加革命实践和从事理论研究的过程中，也日益深刻地认识到了建立无产阶级政党的重要性和紧迫性。他们这一时期的主要著作和通讯中都表达过这一思想，恩格斯后来在谈到这一问题时写道："要使无产阶级在决定关头强大到足以取得胜利，无产阶级就必须组成一个不同于其他所有政党并与他们对立的特殊政党，一个自觉的阶级政党。"由于马克思、恩格斯和布鲁塞尔共产主义通讯委员会的积极活动，建立无产阶级革命政党的条件日益成熟了。一段时间以来，一个国际性的工人秘密革命组织始终处在他们的高度关注之下，这个组织就是正义者同盟。

马克思、恩格斯一直在观察正义者同盟的发展状况，与其保持着十分密切的联系，不断与影响该组织的各种错误思潮进行坚决斗争，并向该组织的领导人和广大成员宣传科学共产主义理论。在他们的不懈努力下，巴黎和伦敦等地的正义者同盟盟员的思想发生了巨大的转变。他们发现，各种空想社会主义思潮并不能解答他们在革命斗争中遇到的具体问题，而马克思创建的科学理论则在实践中被证明是切实可行的，只有这一理论才能为工人阶级的斗争提供正确的理论指导。

1847年6月，正义者同盟代表大会在伦敦召开了，会议的历史使命是彻底改组同盟，创立一个具有新的思想原则和组织机构的新型革命组织。因此，这实际上是新同盟的成立大会。根据会前做出的决定，这次大会的具体日程包括委员会的总结报告、选举新的同盟领导机构、选定中央委员会的驻地、改组同盟和修改章程、通过同盟的纲领、创立同盟的机关报、组织和宣传等工作。代表们决定抛弃同盟过去的带有密谋色彩的组织名称，改名为共产主义者同盟。这一名称鲜明地体现了该组织的无产阶级性质，把自己与各式各样的小资产阶级、资产阶级的运动区别开来。马克思在解释更名问题时写道："旧名称已不合时宜，丝毫不能表达我们的意愿。许多人要正义，即要他们称为正义的东西，但他们并不因此就是共产主义者。而我们的特点不在于我们一般地要正义，每个人都能宣称自己要正义，而在于我们向现存的社会制度和私有制进攻，在于我们要财产公有，在于我们是共产主义者。因此，对我们同盟来说要有一个合适的名称。"马克思认为，共产主义者同盟这个名称恰恰能够做到这一点。

代表大会通过讨论规定：共产主义者同盟的目的是推翻资产阶级的统治，建立无产阶级的统治，消灭以阶级对立为基础的资产阶级，建立一个没有阶级，没有私有制的新型社会。大会还决定用马克思、恩格斯提出的"全世界无产者团结起来"的口号代替同盟原来的"人人皆兄弟"的错误口号，同时还规定同盟的组织原则为民主集中制，其委员会成员经由民主选举产生，可以随时罢免。大会的一项重要工作是制定同盟的章程。在大会上马克思、恩格斯起草的《章程草案》经讨论获得了通过。

1847年11月29日，共产主义者同盟第二次代表大会正式开幕了，由于当地的许多与会者白天不得不为谋生而忙碌，所以会议不得不在夜晚举行。大会一共进行了十余天，来自法国、瑞士、德国、比利时和英国等国家的代表出席了会议。代表们选举沙佩尔出任大会主席，恩格斯担任秘书，他们二人负责签署所有带有决议性的会议文件。自此，工人阶级终于有了自己的第一个国际性的革命政党。这是马克思、恩格斯多年以来梦寐以求的愿望。共产主义者同盟第二次代表大会还取得了另一个重要成果，同盟全面接受了马克思创立的科学共产主义理论，并委托他和恩格斯为同盟起草纲领。

第六节 第一国际

在民族民主运动风起云涌的年代里，德国工人阶级的革命积极性也在普遍地高涨，他们迫切要求加强全德工人阶级的革命联合，摆脱资产阶级在政治上和组织上对他们的不利影响，建立起自己独立的政治组织。

为此，德国先进的工人阶级做了大量艰苦的工作，1863年5月成立的全德工人联合会就是这种努力的结果，但不幸的是全德工人联合会选择了斐迪南·拉萨尔充任其主席，从而使这个全国性的工人组织处在了拉萨尔机会主义者的控制之下。不过值得肯定的是，全德工人联合会的成立毕竟重新开始了德国独立的工人运动，使德国先进的工人重新组织起来，从而摆脱了资产阶级的政治控制。为了加强无产阶级的团结斗争，马克思、恩格斯暂时未对拉萨尔主义的错误理论进行公开的论战。马克思指出："在德国工人运动沉寂了15年之后，拉萨尔又唤醒了这个运动，这是他的不朽功绩。"

德国工人运动的高涨并不是一个偶然和孤立的现象，它与1848年革命后欧洲科学技术的进步、产业革命的扩散和资本主义的空前发展是紧密联系在一起的，是整个欧洲日益高涨的工人运动的一个组成部分。

在50年代，产业革命席卷了整个欧洲大陆和北美的部分地区，机器生产迅速代替了手工生产，近代工厂制度在各国纷纷建立起来。产业革命的鼻祖——英国的经济发展最为迅速，因而在世界市场上占据了霸主地位。法国、德国等国的工业也有了长足的进步。伴随着资本主义发展的必然是工人阶级队伍的发展壮大，到了50年代末期，欧洲的产业工人总数达到了八百余万，手工业工人则有一千余万人。

但是，资产阶级的发家致富是建立在残酷剥削压榨工人的基础上的。在资本主义空前繁荣的同时，无产阶级的灾难也在加剧，无产阶级与资产阶级之间的矛盾日益激化。在经济蓬勃发展和世界市场日益形成的过程当中，资本主义各国对殖民地人民的掠夺也必然加剧，从而导致了殖民地日益剧烈地反抗斗争。而1857年爆发的第一次世界性的经济危机则使得资本主义世界的各种矛盾都空前激化起来。于是，在19世纪50年代末期，资产阶级民族民主运动在欧美各国兴起，与此同时，各国的工人运动也逐渐转入高潮。在英国，建筑工人于1859年举行了大罢工。这是1848年革命失败后欧洲工人举行的第一次大规模的罢工斗争，他们的行动得到了法国工人兄弟的鼎力支持，并最终取得了成功。1860年，由各行业工会组成的伦敦工会联合会成立了。1861年，工联的机关报《蜂房报》问世。

法国的工人运动也逐渐走向高涨，工人阶级不仅进行经济斗争，也参加了政治斗争，并迫使政府废除了禁止工人罢工、集会和结社的相关法令。在大洋彼岸的美国，工人运动进入了一个迅速发展的时期。工人们建立了共产主义俱乐部和全国性的工人联合会，他们不仅进行了反对资本压迫，争取政治经济权利的斗争，还积极参加了南北战争，反对罪恶的奴隶制度。

在革命斗争实践中，各国无产阶级逐渐认识到：资本压迫具有广泛的国际性，各国无产阶级都同样受到资产阶级的残酷压迫，各国资产阶级还联合起来镇压工人运动，并常常用输入外国劳工的方式破坏本国工人的罢工斗争。这些事实使欧洲工人深刻感觉到了加强工人阶级国际联合的必要性和重要性。随着马克思主义的传播，"全世界无产者联合起来"的口号已越来越广泛地为各国的工人阶级所理解和接受。他们感到，在新的形势下，各国工人阶级必须统一行动，团结战斗。

因此，建立一个统一的国际工人组织来领导各国的工人运动便成为一种时代的需求，马克思、恩格斯很早就开始了创建国际无产阶级组织的工作。

马克思和恩格斯在1846年建立了"共产主义者通讯委员会"。1847年，他们又把"正义者同盟"改组为"共产主义者同盟"。次年年初，《共产党宣言》发表，这标志着马克思主义的诞生。不久，轰轰烈烈的1848年革命在欧洲大陆爆发了。革命结束后，国际工人运动进入低谷，反动势力在欧洲各国猖獗一时。但是马克思、恩格斯坚信"革命运动的高潮总有一天还会到来"。于是，他们开始埋头从事艰巨的理论工作，特别注重对经济理论的研究，取得了一大批优秀的研究成果：1859年马克思的《政治经济学批判》一书出版；1861年至1865年，他写下了12本经济学研究笔记；至1865年，他已经写完了《资本论》的草稿。与此同时，马克思、恩格斯还做了大量的组织工作，培养了许许多多工人运动活动家，与各地的革命者建立起了紧密的联系网络，促进了各国革命斗争的发展。

这一系列卓有成效的工作都为国际无产阶级组织的建立打下了坚实的基础。随着形势的不断发展，各国的工人运动开始逐渐地联合起来。

1863年7月22日，英法两国工人在伦敦举行了一次声援波兰民族起义的大会，抗议沙皇俄国对起义者的野蛮镇压。这次会议显示了国际工人阶级团结斗争的强大力量。会后,英国工人阶级发出呼吁,要求各国工人团结起来共同战斗,并建立召开一个有各国工人参加的国际会议,以讨论支援波兰起义和各国工人联合斗争的问题。这一建议得到了法国等国家工人的热烈响应。

1864年9月28日是一个值得永远记住的日子,国际工人大会在伦敦圣马丁堂里隆重召开了。经过讨论,大会正式决定成立一个国际性的工人组织——国际工人协会,简称国际(第二国际成立之后一般称它为第一国际)。

起草国际的成立宣言和章程并不是一项简单的工作,因为当时参加国际的成员成分非常复杂,思想也很混乱,当时在欧洲工人运动中流行的一些错误思潮对他们还有很深的影响。这个问题在小委员会起草文件的过程中就明显地体现出来了:工联主义者们想使国际成为进行纯粹经济斗争的国际性工联组织;蒲鲁东主义者想把国际办成一个"和谐的"国际信贷和合作社组织;马克思主义者则企图把它变成以马克思为精神领袖的权力机构。

在小委员会开会起草国际的宣言和纲领时,马克思因生病未能出席会议,后来当他拿到由鲁·沃尔弗、韦斯顿和吕贝等人起草的文件草稿时,感到非常不满意,并对这些文稿进行了严厉的批评。后来小委员会对文稿几经修改,仍达不到要求,只好把修改任务交给马克思去完成。

马克思毅然接受了这一艰巨的任务。他认为,要想把各国无产阶级真正地团结起来，就必须制订一个既坚持科学社会主义的基本原则，又不至于把工人运动中的其他派别置之门外的纲领。通俗些说，就是要把两个文件写得即要使持不同观点的工人代表都能在上面签字，又不违背《共产党宣言》的基本思想。因此，在写作的过程中，马克思一方面坚持了《共产党宣言》中提出的基本原则，另一方面又考虑到国际工人运动的现状和其他社会主义流派在工人中的影响，把原则性与灵活性有机地结合了起来。马克思是驾驭语言的大师，他所起草的文件行文非常巧妙，所以被当时的各派代表们接受了。10月27日，小委员会只做了较小的修改，就通过了这两个文件的草稿。11月1日，马克思向临时委员会宣读了这两个文件，获得了一致同意。

这是马克思主义者取得的一个重要的胜利成果，它表明第一国际在事实上已经接受马克思主义作为它的指导思想，科学共产主义理论在征服世界的途程中又向前迈进了一大步。

第一国际成立以后，马克思就以满腔的热情投入到国际的各项活动之中。他不仅做了大量的具体工作，更重要的是充当了国际的精神领袖，用自己科学的共产主义理论对国际的重大原则和方针政策等问题给予指导，以保证国际沿着正确的方向前进。

这一时期，马克思十分注意帮助工人阶级解决一个很重要的问题：经济斗争与政治斗争的关系。马克思一向以为，工人群众进行经济斗争是十分必要的，这不仅使他们有可能改善生活状况，而且通过罢工斗争可以提高无产阶级的政治觉悟，使他们在组织里经受锻炼。因此，他们不仅应该在本国从事这一斗争，而且应该支持其他国家的工人兄弟为提高劳动报酬而进行的罢工斗争。马克思本人也曾经亲自参与过支持法国、德国、英国和瑞士等国的工人罢工的活动。但同时，马克思也再三向工人们强调，无产阶级仅仅争取到工作条件和生活条件的改善还是不够的，因为这并未能从根本上改变资本主义剥削的本质。他认为，工会"更重要的是作了一种有组织的力量来消灭雇佣劳动制度和资本权力本身"。

在1865年6月下旬的两次总委员会会议上，马克思作了专题报告，用他的政治经济学理论批判了韦斯顿的观点。他指出，工人的工资和资本家的利润都包含在新创造的产品价值之中，它们间的比例关系可以在价值不变动的情况下改变，可以靠降低利润来提高工资。而无产阶级的革命斗争则可以对工资和利润之间的比例关系产生重要影响，所以工人阶级应积极参加经济斗争。因此，韦斯顿的观点是站不住脚的。但马克思也指出，不应像工联领导人那样过高地估计经济斗争的作用，因为要想从根本上解决资本主义的社会问题，还必须进行政治斗争和社会革命，彻底地消灭雇佣劳动制度。

1864年似乎是马克思一生中最走运的一年：这一年3月，马克思一家乔迁了新居；秋天，第一国际建立，马克思主义开始为更多的人所接受，他本人也受到了人们公开的尊重和盛赞。

在马克思主义的正确指导下，第一国际成立以后做了大量的工作。对各国的无产阶级革命斗争和民族民主运动给予了大力支持，并组织广大无产阶级群众积极参与了这些斗争。马克思领导第一国际进行革命斗争的实践是他政治生涯的又一个高峰。

第一国际的各级组织和广大会员的革命实践活动是丰富多彩的。例如，他们积极参加了1865年至1867年发生在英国的争取选举权利民主化的运动。马克思对这个运动极为重视，认为它虽属于民主主义运动的范畴，但对促进社会的进步和民主化无疑具有重大意义，并能够为无产阶级的革命斗争创造有利的条件，锻炼提高工人阶级的觉悟和政治素质。在马克思的大力倡导和推动下，第一国际和广大英国工人积极参加了这一运动，使之具有了雄厚的群众基础，因此取得了显著的进展。第一国际还对波兰人民的民族解放事业给予了大力支持，特别是在国际成立的最初几个月中，马克思曾花费了相当多的时间和精力来论证国际对待波兰问题的立场和观点。他认为国际工人运动应该尽力支持波兰的民族解放运动，波兰在西方的真正朋友是工人阶级，而不是统治集团。在60年代中期，第一国际曾多次发表声援波兰起义的决议。1867年1月还举行了纪念波兰起义大会，马克思亲自作了大会发言，鲜明地指出，"没有波兰的独立，欧洲的自由就不能确立"。马克思对爱尔兰人民的民族解放事业也同样重视，他不仅积极领导第一国际，组织了各种活动，还支持爱尔兰的民族解放运动，而且还深入地进行理论研究，探讨解决爱尔兰问题的办法和途径。他以前认为，英国无产阶级革命的胜利是解决爱尔兰问题的先决条件。但是通过研究，他纠正了这一观点，主张只有推翻英国对爱尔兰的统治，才能给予英国工人阶级以必要的革命推动，使他们摆脱改良主义的束缚，打倒本国的资产阶级。这一理论对于指导国际工人运动和民族解放运动具有深刻的普遍意义。另外，马克思和第一国际总委员会对于德国的统一运动、法国人民反对波拿巴专政的斗争以及美国南北战争都给予了极大的关注和支持，并在斗争中取得了令人瞩目的巨大成就。与此同时，马克思、恩格斯还在继续从事艰巨的理论研究和无产阶级政党的组织建设工作上付出了艰苦的努力。在这一系列革命活动当中，马克思、恩格斯不仅要与各国政府和反动社会势力的阻挠破坏进行斗争，同时，还要与流行于国际工人运动中形形色色的错误思潮进行坚决的斗争。

1865年9月25日至29日，第一国际在伦敦召开代表会议，各国工人代表和总委员会委员共38人。这次代表会议是马克思主义者为创建国际而斗争的重要会议，大大巩固和提高了马克思在第一国际总委员会中的地位和作用。

第五章　马克思对人类的贡献

第一节　发现人类社会发展的规律

马克思发现的人类社会的发展规律告诉我们，人类社会开始时所经历的是漫长的原始社会。马克思在研究原始社会方面肯定并接受了人类原始历史研究家摩尔根所取得的主要成果，他将原始社会分为两个时代：蒙昧时代和野蛮时代。根据生产资料的进步，他又把每个时代分为初级阶段、中级阶段和高级阶段。

通过研究，马克思发现在人类的原始社会中，顺次出现了三种氏族公社组织：母系氏族公社、父系家长制家庭公社和农村公社。文明时代顺次经历了三种社会：奴隶社会、封建社会和资本主义社会。它发展到资本主义社会后，会随着资本主义社会的结束而结束。文明时代结束的标志是一切阶级的消灭。许多人错误地认为，阶级的消灭是用暴力进行的。马克思告诉我们，人类社会在发展中是通过经济的道路，是通过社会化大生产的不断发展来消灭一切阶级的。社会化大生产首先把小私有制消灭了，然后随着竞争和集中的不断进行，社会化大生产越来越庞大，管理和经营社会化大生产的机构和组织也越来越庞大。最后，当人类社会发展到资本主义社会的末期时，由于社会化大生产的充分发达，整个社会的全部工业、全部农业、整个交换领域和全部运输业，除了只能由整个社会来管理，已不能适应其他任何形式的管理了。于是，此时的国家就以社会的名义，将全部资本、全部生产、全部生产资料收归它自己所有。这样社会的每个成员都只是用属于全社会所有的生产资料来为全社会劳动。因此，他们在对生产资料的占有上已没有任何差别，一切阶级差别也就都没有了，既没有了资产阶级，也没有了无产阶级。

第二节　为无产阶级指明了解放的道路

当资本主义社会发展到垄断资本主义经济的阶段时，这种经济就会在多方面表现出向新社会发展的二重性和过渡性，从而在资本主义社会的腹中孕育出了新社会的胎儿。这个胎儿在资本主义社会的腹中不断发育，最后成为成熟的新社会的婴儿。于是资本主义社会进入了它的最后一个发展阶段——向新社会过渡的阶段，这个阶段就是资本主义社会将它腹中已发育成熟的新社会婴儿生产下来的分娩阵痛阶段，无产阶级担当了为产妇接生的历史使命，所以从资本主义社会向新社会过渡的时期是无产阶级专政的时期。

为了使资本主义社会进入向新社会过渡的无产阶级专政时期，无产阶级必须成为统治阶级。无产阶级最不反对用和平的方式取得政权成为统治阶级，但是如果资产阶级逼得无产阶级只能用暴力取得政权，那无产阶级也不排斥用暴力革命夺取政权成为统治阶级。

根据马克思的过渡时期学说，无产阶级取得政权成为统治阶级后，不是用暴力夺取资产阶级的生产资料向新社会过渡的，而是用和平的办法，即通过合法的竞争和集中的经济道路，其中包括国家资本也通过合法的竞争和集中的经济道路，使资本主义经济发展成愈来愈庞大的股份制的或集团型的企业或公司。与此同时，通过合法的竞争和集中的经济道路，国家资本将那些庞大的股份制的和集团型的私营企业与公司逐渐转变成国有经济，直到最后，全部生产、全部资本、全部生产资料都成为国家所有。此时，国家就以全社会的名义，将这全部生产、全部资本、全部生产资料自行转变成为归全社会所有，因而一切阶级差别就都消灭了，人们成了无阶级差别的自由人，他们组成的联合体，组织和管理着其时的人们为整个社会劳动，并根据按劳分配的原则将消费资料分配给每个劳动者。这样的一个新社会就是全社会公有制社会的第一阶段。

第三节　发现资本主义社会经济运动规律

马克思认为，在人类社会的发展过程中，资本主义社会和奴隶社会、封建社会一样，也是人类社会发展过程中的一个自然发展时期。在资本主义社会这个自然发展的时期里，资本主义经济要经历三个既不能跳过也不能用法令取消的自然发展阶段。

第一个自然的发展阶段，是资本主义生产通过自由竞争和随着自由竞争引起的生产愈来愈集中，将以劳动者对他的生产资料的私有为基础的小生产不断加以集中和扩大，即把那些有限的生产资料从个人的生产资料变为社会化的、只能由大批人共同使用的生产资料，因而便成为强大的生产力。和生产资料一样，生产本身也从一系列的个人行为变成了一系列的社会行为，而产品也从个人的产品变成了社会的产品，从而出现了社会化的生产。新的生产方式——资本主义生产方式，愈是在一切有决定意义的生产部门和一切在经济上起作用的国家里占统治地位，就愈是把个体生产排挤到无足轻重的残余地位。这个自然发展阶段是资本主义的上升时期，资本主义的生产关系适应生产力的发展。

第二个自然发展阶段，是大工业的产生和发展时期，这个自然发展阶段是社会化大生产和垄断资本发展的阶段。经过资本主义社会的第一个自然发展阶段，小生产转化为由大批人共同使用生产资料的社会化生产的过程基本完成。由于劳动的进一步社会化，土地和其他生产资料的进一步转化为社会使用的生产资料，对私有者的进一步剥夺，就采取了新的形式。在这个阶段上，要剥夺的已经不再是独立经营的劳动者，而是剥削许多工人的资本家了。这种剥夺是通过资本主义生产本身的内在规律的作用，即通过资本的集中进行的。随着这种集中，即少数资本家对多数资本家的剥夺，规模不断扩大的劳动过程的协作形式日益发展，科学日益被自觉地应用于技术方面，土地日益被有计划地利用，劳动资料日益转化为只能共同使用的劳动资料，一切生产资料因作为结合的社会劳动的生产资料使用而日益节省，各国人民日益被卷入世界市场网，从而使资本主义制度日益具有国际的性质。集中发展到一定阶段，就出现了垄断，形成了资本家的垄断组织——股份公司。在资本的垄断制形成的同时，也形成了金融寡头制和资本输出，使这个自然发展阶段上的资产阶级变成为寄生的阶级，因而是腐朽的阶级。资产阶级拿红利、剪息票，在各种资本家相互争夺彼此的资本的交易所中进行投机，除此之外，再没有任何其他的社会活动了。

在这样的竞争和集中不断进行的过程中，那些掠夺和垄断了全部利益的资本巨头不断减少，人民被压迫、奴役、退化和剥削的程度不断加深。而日益壮大的工人阶级的反抗也不断增长。资本的垄断成了与这种垄断一起并在这种垄断之下繁盛起来的生产方式的桎梏。生产资料的集中和劳动的社会化，达到了同它们的资本主义私有制外壳不能相容的地步，十年左右一次的危机，以资本主义无法克服的规律一次又一次地发生着。资本主义生产方式创造的社会化大生产这种社会生产力，以日益增长的威力要求消除社会化大生产和资本主义的私人占有之间的冲突，要求摆脱它作为资本的那种属性，要求在事实上承认它作为社会生产力的那种性质——由整个社会来占有生产资料和产品。资产阶级也不得不在资本关系内部一切可能的限度内，愈来愈把生产力当作社会生产力看待，把大量生产资料推向在各种股份公司中的那种社会化形式。有些生产资料和交通手段，它们已经排斥包括股份公司在内的任何其他资本主义经营形式，转化成为国家财产了。

第三个自然发展阶段就是经济上通过竞争和集中的道路，将生产资料逐渐转变成为国家所有的阶段。这个阶段从无产阶级取得国家政权开始，到全社会公有制社会第一阶段建成时为止。无产阶级专政时期是资本主义社会中从资本主义社会向全社会公有制社会第一阶段过渡的时期。在这个过渡时期里，无产阶级将利用自己的政治统治，通过竞争和集中的经济道路，在相当长久的时期里，逐渐把一切生产资料集中到国家的手里，最后再将归国家所有的生产资料自行转变为归整个社会所有。至此，无产阶级专政的过渡时期结束，全社会公有制社会第一阶段从资本主义社会中产生出来了。

第四节 发现剩余价值

现代资本主义生产方式是以两个社会阶级的存在为前提的：一方面是大资本家阶级即资产阶级，他们占有生产资料和生活资料；另一方面是无产阶级，他们没有这一切，而仅有一种商品，即劳动力可以出卖。因此，他们不得不出卖自己的劳动力以获取必需的生活资料和消费资料。

假定一个雇佣劳动者一天的生活资料和消费资料需要4小时的劳动来生产，或者也可以说，这些生活资料和消费资料所包含的劳动相当于4小时的劳动量。在这种场合，一天的劳动力的价值，还要表现为体现4小时劳动的货币量。再假定说雇用这个雇佣劳动者的资本家付给他这个数目，即付给他劳动力的全部价值。这样，如果这个雇佣劳动者每天给这个资本家做4小时的工，那他就完全抵偿了资本家的支出，即以4小时的劳动抵偿了自己获得劳动力价值的4小时劳动。在这种场合，这个资本家当然是什么也没有得到。因此，资本家对事情有完全不同的想法，他说，我购买这个雇佣劳动者的劳动力不是4小时，而是一整天，因此，他就根据情况强迫这个雇佣劳动者劳动8小时、10小时、12小时、14小时或者更多的时间，所以那第5小时、第6小时和以后各个小时的产品就是无偿劳动的产品，直接落到了资本家的腰包里。这样，给这个资本家做事的雇佣劳动者，不仅在生产着他那由资本家付酬的劳动力的价值，而且还额外地生产剩余价值。

直接从雇佣劳动者身上榨取无酬劳动并把它固定在商品上的资本家是剩余价值的第一个占有者，但绝不是剩余价值的最后所有者。以后他还必须同在整个社会生产中执行其他职能的资本家，同土地所有者等，共同瓜分剩余价值。因此，剩余价值分为各个不同部分。它的各部分归不同类的人所有，并具有不同的、互相独立的形式，如产业利润、利息、商业利润、地租，等等。所以，绝不要把剩余价值同资本家的赢利相混淆，产业利润即产业资本家的赢利只是剩余价值的一种具体形式，而且常常甚至只是剩余价值的一小部分。由于资本主义生产的内在规律作为竞争的强制规律在资本的外部运动中表现出来，并且以这种形式成为每个资本家意识中的动机并行使它的推动力，所以各种资本家在将剩余价值分作产业利润、利息、商业赢利、地租这些部分进行分配时，竞争起着主要的作用。

增加剩余价值可以有两种基本方法：延长工作日（增加绝对剩余价值），缩短必要劳动时间（增加相对剩余价值）。资本积累，就是把一部分剩余价值变为资本，不是把它用来满足资本家的个人需要或奢欲，而是投入新的生产。资本积累就是剩余价值的积累。资本对劳动力的剥削程度用剩余价值率表示为：剩余价值除以可变资本。利润率则是可变资本与投入企业的全部资本之比。资本间的竞争，使得资本从一个部门自由地转入另一个部门，从而使利润趋向平均化。在只有通过市场才能把各个分散的商品生产者联系起来的社会内，规律性只能表现为平均的、社会的、普遍的规律性，至于个别偏差情形则会相互抵消。

但土地私有制造成垄断，妨碍资本自由流动。作为垄断者的土地所有者，有可能使价格保持在平均价格之上，于是这种垄断价格就产生绝对地租。在资本主义存在的条件下，级差地租是不可能消灭的，而绝对地租却可能消灭，方法就是摧毁土地所有者的垄断——在农业中比较彻底地和完全地实行自由竞争。因此，激进资产者曾在历史上多次提出土地国有化这一资产阶级的进步要求，但资产阶级中大多数人却害怕这个要求，因为这个要求太切近地触犯现代另一种特别重要的和敏感的国有垄断，即一般生产资料的国有垄断。

第五节　创立唯物主义观点

马克思的唯物主义包含下列四个方面：一、哲学唯物主义；二、唯物主义辩证法；三、唯物主义历史观；四、马克思关于无产阶级阶级斗争策略的阐述。

一、马克思在哲学上的唯物主义是：世界的统一性并不在于它的存在，而是在于它的物质性，运动是物质的存在方式，无论何时何地，都没有也不可能存在没有运动的物质或没有物质的运动。人的思维和认识，是人脑的产物，而人脑的产物，归根到底亦即自然界的产物。全部哲学的重大的基本问题，是思维对存在、精神对自然界的关系问题，两者孰先孰后的问题——是精神先于自然界，还是自然界先于精神。哲学家依照他们如何回答这个问题而分成两大阵营。凡是断定精神先于自然界，从而归根到底承认创世说的人，组成唯心主义阵营。凡是认为自然界是本原的，则属于唯物主义的各个学派。在其他任何意义上运用哲学上的唯心主义和唯物主义这两个概念，都只能造成混乱。

二、马克思的唯物主义辩证法是一门关于外部世界在思维着的头脑中的反映和人类对这种反映进行思维运动的一般规律性的科学。在唯物主义辩证哲学看来，不存在任何一成不变的、绝对的、神圣的东西，一切事物都带有必然灭亡的迹象，除了发生和消灭、无止境地由低级上升到高级的不断的过程，任何东西都是站不住脚的。坚持唯物辩证法的人，不能把自然界和人类历史的发展仅仅归于"精神"和"意识"，因而把辩证法的规律从外部注入自然界和人类社会，而是要从自然界和人类社会中找出那些辩证的规律并从自然界和人类社会里加以阐发。

唯物主义辩证法关于发展学说的几个特点是：发展似乎是重

复以往的阶段，但那是另一种重复，是在更高基础上的重复。发展是按所谓螺旋式而不是按直线式进行的；发展是飞跃式的、剧变的、革命的；渐进过程的中断；量到质的转化；对某一物体、或在某一现象范围内或在某个社会内部，发生作用的各种力量和趋势的矛盾或冲突造成发展的内因；每个现象的一切方面都是相互依存的，彼此有极其密切而不可分割的联系，形成统一的、有规律的世界运动过程。

唯物主义辩证法的规律归结为下面三个规律：量转化为质和质转化为量的规律；对立的相互依存和渗透的规律；否定之否定的规律。马克思的唯物主义辩证法的规律是自然界的实在的发展规律，因而对于理论自然科学也是有效的。

三、马克思的唯物主义历史观告诉我们，从原始社会中的母系氏族公社解体以来的人类的一切社会的历史都是阶级斗争的历史。自由民和奴隶、贵族和平民、领主和农奴、行会师傅和帮工，一切压迫者和被压迫者，始终处于相互对抗的地位，进行不断的、有时隐蔽有时公开的斗争，而每一次斗争的结局都是整个社会受到改造或者斗争的各阶级同归于尽。从灭亡的封建社会内部产生出来的现代资产阶级社会并没有消灭阶级矛盾，它只是用新的阶级、新的压迫条件、新的斗争形式代替了旧的。但是，资产阶级时代，却有一个特点：它使阶级矛盾简单化了。整个社会日益分裂为两大敌对的阵营，分裂为两大相互直接对立的阶级——资产阶级和无产阶级。

在当前同资产阶级对立的一切阶级中，只有无产阶级是真正革命的阶级。其余的阶级都随着大工业的发展而日趋没落和灭亡，无产阶级却是大工业本身的产物。中间等级，即小工业家、小商人、手工业者、农民，他们同资产阶级作斗争，都是为了维护他们这种中间等级的生存，以免于灭亡。所以他们不是革命的，而是保守的。不仅如此，他们甚至是反动的，因为他们力图使历史的车轮倒转。如果说他们是革命的，那是鉴于他们行将转入无产阶级的队伍，这样，他们就不是维护他们目前的利益，而是维护他们将来的利益，他们就离开自己原来的立场，而站到无产阶级的立场上来。

我们人类过去的全部成文历史为什么都是在阶级对抗和阶级斗争中发展的呢？为什么统治阶级和被统治阶级、剥削阶级和被剥削阶级都是一直存在的呢？为什么大多数人总是注定要从事艰苦的劳动和过着悲惨的生活的呢？这是因为在人类发展的以前的一切阶段上，生产还是如此不发达，以致历史的发展只能在这种对抗形式中进行；历史的进步整个说来只是极少数特权者的事，广大群众则不得不为自己谋取微薄的生活资料，而且还必须为特权者不断增殖财富。

马克思的阶级斗争理论还使我们得到这样的信念：由于现时生产力的巨大发展，把人分成统治者和被统治者、剥削者和被剥削者的最后根据，至少在最先进的国家里已经消灭了；统治的大资产阶级已经完成了它的历史使命，它不但不能再领导社会，甚至变成了生产发展的障碍，如各国的商业危机和工业受压抑的状况就是证明；历史的领导权已经转到无产阶级手中，转到这个由于自己的整个社会地位只有用完全消灭任何阶级统治、任何奴役和任何剥削的方法才能解放自己的阶级手中；社会生产力已经发展到资产阶级不能控制的程度，只等待联合起来的无产阶级去掌握它，然后在资本主义社会中经过一个从资本主义社会过渡到全社会公有制社会第一阶段的无产阶级专政时期。最后建立起这样一种制度，使社会的每个成员不仅有可能参加生产，而且有可能参加社会财富的分配和管理，并通过有计划地组织全部生产，使社会生产力及其所制成的产品增长到能够保证每一个人的一切合理的需要日益得到满足的程度。现在大家都知道，具有这样一种制度的社会就是全社会公有制社会第一阶段。

四、马克思关于无产阶级阶级斗争的策略问题阐述指出，只有客观地考虑某个社会中一切阶级的相互关系，考虑该社会发展的客观阶段，考虑该社会和其他社会之间的相互关系，才能成为无产阶级制定策略的依据。而在观察各个阶级和各个国家时，不应当认为它们是静态的，而应当认为它们是动态的。观察运动时又不仅要着眼于过去，而且要着眼于将来，并且要辩证地进行观察——"在伟大的历史发展中20年等于1天，虽然以后会有1天等于20年的时期"。在每个发展阶段,在每个时机,无产阶级的策略都应估计到人类历史的这个客观必然的辩证法,一方面要利用政治消沉时代即和平的发展时代来加强无产阶级的意识、力量和战争力,另一方面要把这种利用工作完全引向达到这个阶级运动的最终目的,并使这个阶级有能力在伟大的时期完成伟大的任务。

第六章　马克思与恩格斯伟大的友谊

第一节　寻找友谊

早在中学时代，马克思就认为一个人只有为全人类劳动，才能获得真正的幸福。他严格地实践了自己所说的话，为了使全人类得到真正的解放，他甘愿放弃本可以轻易得到的舒适安逸的生活，投身于知识的浩瀚海洋和革命斗争的汹涌激流之中搏击，驰骋在与专制制度、各种反动的社会势力和错误思潮进行激烈的战斗中。长年的工作和斗争使马克思积累了不少宝贵的经验，完善了他的科学理论体系。同时，他也受到各国政府和各种恶势力的恶毒诽谤和迫害。在这种极度艰险恶劣的环境中，他要与统治阶级和反动势力斗争，要与伪装成朋友的阴险敌人斗争，同时，还要忍受贫困动荡生活的煎熬，为维持自己的生计和柴米油盐等家庭琐事而劳心费神。这种不断探寻真理和争取人类解放的斗争生活，使马克思在激动振奋之余也感到十分疲倦，并产生出一种巨大的孤独感。这是一种只有那些攀登上人生最高境界的人才能体会到的孤独。马克思也是一个人，在他那钢铁般坚强的外壳之下隐藏着一颗普通人的心，他也需要休息和抚慰，也需要朋友和友谊。他常想，如果有一位志同道合、坚强勇敢的战友与他并肩战斗的话，那将是一件多么令人惬意的事情啊。其实交一个朋友并不难，但要交上一个既能为共同的崇高理想努力奋斗，又能经受住长时期风浪和磨难考验的真正朋友，确实是一件非常不容易的事情。不过马克思坚信，茫茫大千世界上一定存在着像自己这样立志攀登科学高峰的仁人志士，他们迟早会在战斗的旅途中相遇的，马克思在期望和幻想之中苦苦地等待着。

第二节 一见如故

1844年8月23日，恩格斯在从曼彻斯特返回家乡的途中又来到巴黎。当时的巴黎法兰西剧院广场上暖风习习、游人如织。在广场一侧的雷让斯咖啡厅里，马克思独自一人坐在桌旁，他的眼睛注视着窗外熙来攘往的人群，目不转睛地搜寻着，脸上流露出一丝焦急的神态，似乎在等待着一个重大时刻的到来。此时，马克思正在等候一个人，一位将与他在时代的大风大浪中毕生并肩战斗的忠诚战友——恩格斯。

在雷让斯咖啡馆他们重新面对面地坐在了一起。此时，他们相互间已经非常地了解，他们都认真地拜读过对方的文章，发现他们虽然居住在不同的国度，彼此之间的交往也很有限，但是他们几乎是在同一个时期完成了世界观的转变，转变为坚定的共产主义战士，他们共同认识到，对市民社会的解剖应该到经济学中去寻求，只有消灭私有制才能结束人类的极度堕落。无产阶级的历史使命是消灭一切剥削制度，建立一个崭新的共产主义社会。而且他们都决心把革命理论同工人运动紧密地结合起来，为实现无产阶级和全人类的彻底解放奉献出自己毕生的精力。马克思仔细地打量着眼前的这位客人，这是一位肩膀宽阔，高高瘦瘦的青年，一头黑黑的卷发像波涛一样覆盖着漂亮的前额，留着淡褐色的络腮胡子。他的皮肤纯净而白，高高的鼻梁和大大的嘴巴则显露出几分沉稳和敦厚。寒暄了几句之后，马克思首先揭开了话题："我已经认真地读过你的《政治经济学批判大纲》，写得好极了！你认为经济的一切矛盾都源于私有制度，这是一个极富创造性的发现，比哥伦布发现新大陆更具有社会意义！"听了这番夸赞，恩格斯似乎有些不好意思，他谦虚地说："博士先生，您过奖了，我也看了您写的文章，令我钦佩不已！您已经得出这一结论了，这就是说我们早已经并肩战斗了！"马克思爽朗地笑了起来，他已经打心底喜欢上了恩格斯，并从他那浅蓝色的明亮目光中看出，这是一位诚挚可信并具有超人智慧的热血青年。他对马克思接着说道："我们都得出了同样的结论，无产阶级肩负着改造世界和解放人类的伟大使命，共产主义一定会在全世界取得胜利。亲爱的弗里德里希，今后你就叫我卡尔好了。"听了马克思的一席话，恩格斯感到有一股热流从心底涌起，很快就暖遍了全身，他为能得到马克思的赞扬而由衷地骄傲，更为结识了这样一位坦率真诚的朋友而兴奋不已。友谊是一种可遇而不可求的东西，她是绝对排斥任何利己的私念、贪婪的欲望、虚假的造作、肤浅的张狂的。只有那些具有高尚情操、博大胸襟和宏伟的理想抱负并脱离了低级趣味的人，才有可能获得这种稀世珍宝。而今，命运使马克思、恩格斯走到了一起，解放无产阶级和全人类的重任已经历史性地落到了他们的肩上，这一伟大的人类进步事业必将把这两位时代巨人紧密地、牢不可破地凝聚在一起。

　　这次咖啡馆会晤的时间虽然不是很长，但在马克思、恩格斯的脑海中却留下了不可磨灭的印象，他们大有相见恨晚之感，并且谁也不愿意让对方离开自己。于是，恩格斯便在马克思家里住了下来。在这段难忘的日子里，他们朝夕相处、亲如形影、不分白天黑夜地在一起促膝交谈，往往一谈就是几个小时。他们谈话的内容人们已经不能详细知晓了，但可以肯定的是，他们谈的大都是一些重大的理论和现实问题。令他们感到高兴的，是在这些问题上他们的观点竟然完全一致。谈话中，他们还就一些新的疑难问题进行了探索，当通过认真的切磋，在思想火花的反复碰撞中取得了一定进展时，他们都兴奋极了。马克思和恩格斯不仅具有共同的理想抱负和政治观点，而且思维方式也极其相近，他们都是睿智博学具有极强个性和思辨批判能力的时代骄子，但他们都没有把对方视为自己的竞争对手。此时，他们所想到的仅仅是在未来的战斗中，无论是理论研究，还是政治斗争，自己终于有了志同道合的战友。在这段日子里，马克思还陪着恩格斯访问了共产主义俱乐部，参加了群众集会，与巴黎的工人群众进行了广泛的接触，并结识了一些法国工人运动领导人和外国革命者，使恩格斯对法国工人运动的状况有了大致的了解。同时，他们还对下一步理论研究的方向和要做的实际工作进行了认真的讨论。恩格斯此次在巴黎逗留了10天，与马克思结下了终生的友谊，开始了他们多年的合作。

从此以后，不管在攀登科学高峰的路途中遇到多大的困难，不管各国政府、政治反动派和形形色色的机会主义派别对他们进行何等残酷的迫害和打击，他们始终肩并肩地站在一起，向旧制度、向传统观念和宗教愚昧、向一切社会黑暗势力发起一次又一次猛烈的冲击，共同承担起领导国际共产主义运动的伟大历史重任。

1844年的巴黎之夏，马克思和恩格斯都是风华正茂的年轻人。同所有的人一样，他们也愿意体验世间的种种乐趣，享受幸福的生活。但他们所理解的幸福是一种高尚的人生追求和完美的精神境界，它是与世界上绝大多数人的命运紧密联系在一起的，绝非一般意义上的物质享受。在中学时代，马克思曾经用一句非常朴素的语言对自己的幸福观做了高度概括——为全人类劳动。而今，他和恩格斯又进而把它理解为"为实现共产主义理想而奋斗"。但是，共产主义理想不是空中楼阁，要实现这一宏大的事业，必须付诸于脚踏实地的工作和艰苦卓绝的战斗，迎着狂风恶浪的击打一步一步地向前迈进。

第三节　艰苦环境中的真挚情谊

1845年，由于恩格斯秘密筹备革命活动触怒了地方当局，使他遭到了警察部门的严密监视。同时，也与思想保守僵化的父亲发生了尖锐的矛盾。在政府和家庭的双重压力之下，恩格斯觉得在家乡再也呆不下去了。1845年3月，恩格斯离开巴门来到了布鲁塞尔，在离马克思家不远的地方住了下来。这一时期，马克思一家的生活是非常贫困的。所以在他刚刚来到布鲁塞尔时，竟连一个合适的住处都找不到。在马克思生活最困难的那段时间里，是恩格斯最先向他伸出了援助之手。他立即在社会主义者和朋友中间广为宣传，发起募捐活动，为马克思筹到了一笔款。他本人则把《英国工人阶级状况》一书所得的第一笔稿酬送给了马克思夫妇，以解燃眉之急。恩格斯在给马克思的一封信中写道："至少不能让这些坏蛋们，由于他们的破坏行为使你造成经济上的困难而得意。我不知道，这些钱够不够使你在布鲁塞尔安顿下来，不言而喻，我是非常愿意把我第一本关于英国的书的稿酬供您使用。"

在所有的朋友之中，与马克思关系最为密切的就是恩格斯，很难设想，这两个人中如果没有其中一个，另一个人会是一番什么情景。伟大的时代和艰难的岁月已经把这两位患难与共的老朋友紧密地融为一体了。为了无产阶级的革命事业，恩格斯甘愿做出了最大的牺牲，去曼彻斯特经商，在他的说服下马克思忍痛接受了他的这一牺牲。因为马克思知道，恩格斯之所以做出这一决定，不仅是出于对他全家人的热爱，而且是为了使他们的共同事业——科学共产主义理论的研究工作，能够继续进行下去，自己只有竭尽全力完成这一最艰巨的工作才能不辜负恩格斯的一片赤诚之心。自从来到曼彻斯特以后，恩格斯就被商业完全缠住了，既不能经常与马克思见面，也不能正常地从事理论研究，心情十分抑郁苦闷。

恩格斯有近二十年的时间没有与马克思在同一个城市里居住。由于时间和金钱等条件的限制，他们不可能经常互访，因此，维系他们之间紧密联系的主要方式是互通书信。虽然他们已经不可能像从前那样在一个房间里，甚至在一张写字台上并肩工作。但他们可以通过通信的方式在理论研究和党的事务等方面继续进行合作。在书信中，他们互相交流各地工人运动的情况、自己的读书和研究心得，讨论拟订所要撰写的著作的主题、观点、写作计划以及对稿件进行修改等。在许多信件中，他们还敞开心扉，畅谈自己对人生、理想、友谊和革命事业的真实感想，讲述现实生活中的苦辣酸甜和社会上的种种见闻。因此，马克思、恩格斯的书信量大大增加，仅保存下来的就有一千三百多封。这些重要的信件是这两位伟人从事理论研究和革命活动的编年史，也深刻生动地展示了他们的友谊和私人生活。在这些年里，写信已经成了马克思、恩格斯生活中的重要内容，他们往往每天各写一封甚至数封信，一周内不通信的情况是绝少出现的。只要有几天未收到对方的信，他们就会感到忐忑不安、忧心忡忡。

第七章 马克思与燕妮崇高的爱情

第一节 相识相恋

燕妮是马克思的忘年之交冯威斯特华伦男爵的女儿，生于1814年2月12日，年长马克思1岁。还在马克思刚蹒跚学步的时候，燕妮就很喜欢这个天真活泼的、爱笑的小男孩，常常把他抱到自己家里玩。小马克思也很喜欢燕妮的家，因为这里有很多好玩的东西，布娃娃、积木和木偶等，还有许多生动有趣的小人书。稍大一点时，燕妮便经常与马克思一起聆听男爵先生的教诲，一块儿外出游戏玩耍。那时她还是一个无忧无虑的小女孩儿，天真烂漫，招人疼爱，一双黑亮的大眼睛和满头金发令人难忘。

她不仅是父亲的掌上明珠，也是年长兄姐们的宠儿。光阴荏苒，十年左右的时间转瞬间就过去了。此时的燕妮已经出落成了一个亭亭玉立、肌肤丰满的年轻姑娘，不仅长得恬静妩媚、气质高雅而且聪慧异常、谈吐不凡，是当地公认的"舞会皇后"和"特利尔最美丽的女子"，更为可贵的是她具有一种罕见的才智和坚毅的性格——为了追求美好的人生理想，勇于作出重大的牺牲。作为一个出身于贵族家庭的名门闺秀，燕妮的身边自然有大批的爱慕者，其中不乏拥有大笔财富和官阶地位的人。但是，燕妮从未对他们中的任何一位表示过好感，她那颗高傲的心似乎已有了归属。就在这时，马克思回到了家乡。自从只身来到波恩后，马克思的思乡之情日益强烈，这其中也包含着他对童年女友燕妮的思念，而且时间愈久他愈发现自己对燕妮的日思夜想实际上是一种炽热浓烈而又十分严肃的感情——爱情。一年的大学生活已使马克思长成了一位相貌堂堂的男子汉。返乡与燕妮相见时，他对燕妮投去的目光也与以前大不相同了。他希望两人不仅仅是青梅竹马的好朋友，而应是朝夕相守、白头偕老的生活伴侣。这一愿望能够实现吗？在许多人眼中，马克思此时还是一个前程未卜的青年学生，既没有贵族头衔，也没有殷实的家产，甚至连一份固定的职业也没有。但在燕妮眼中，情形却完全不同，马克思那非凡的天赋、博大的胸襟和超人的智慧早已使燕妮为之倾倒，她以一种女性特有的微妙感觉意识到，这位年轻的学生迟早会成就一番惊天动地的伟业，他就是燕妮苦苦等待的意中人。

那是一个令人惬意而难忘的夏天,马克思和燕妮经常避开家人和亲友秘密地约会,他们或是在寂静的田间小径上悠悠漫步,或是在农田果园的空地上促膝而坐,或是躺在摩塞尔河边金色的沙滩上,一边做日光浴,一边遥望那碧绿的河水和湛蓝的天空,脑海中产生出无限遐思。他们讨论的话题十分广泛,有趣的大学生活,对未来的美好憧憬以及人生的意义等。随着思想火花的碰撞升华,两颗年轻的心更紧密地贴在一起了。

一天晚上,马克思紧紧地握住燕妮的手,柔声问道:"你愿意与我相爱吗?"燕妮用她那柔软炽热的嘴唇吻了马克思的手,轻轻地点了点头。就这样,在这个柔和浪漫的仲夏之夜,他们在皎洁的月光下海誓山盟,一个贵族家的千金小姐和一个前途未卜的市民子弟终于冲破了根深蒂固的世俗偏见,私订了终身。

这在当时是一个十分了不起的勇敢举动,马克思把这件事视为他一生中取得的第一个重大胜利。有了真正的心上人相伴人生,他将会义无反顾、毫无畏惧地去征服人世间一切丑恶、暴虐和黑暗的东西。而燕妮则知道卡尔并不是一个钱袋鼓鼓的阔家显贵,自己将来的生活道路也绝不会一帆风顺。但她对于这一点十分明了,她所钟情的人绝不是一个凡夫俗子,而是一个顶天立地、超群绝伦、真正的伟大的男人。况且,这个人倾慕的不仅仅是她娇美娴雅的外貌,更重要的是她超人的聪慧、颖悟力和那颗坚贞执著而又充满柔情的心。这对情侣只向马克思的父亲吐露了这一秘密，并没有把真情告诉燕妮的父母，因为他们知道威斯特华伦男爵夫妇虽然没有贵族式的偏见，但他们确实想通过缔结良缘使自己的爱女有一个可靠的归宿。

马克思去柏林上学之后，十分思念身在远方的燕妮。在大学期间对燕妮的爱慕和思念之情更使他觉得有股汹涌的情感在胸中流淌澎湃，大有如鲠在喉，不吐不快之感。于是，在柏林求学的头两年中，在认真研究社会科学之余，马克思还花费了很大精力潜入诗歌王国中徜徉，写下了大量动人的诗篇。仅在第一年里，他就寄给燕妮三本诗集《爱情集一》、《爱情集二》和《诗歌集》，封面上的题词是"献给我亲爱的和永远热爱的燕妮·冯·威斯特华伦"。据马克思的姐姐来信说，燕妮是含着爱和痛苦的泪水读完这些诗篇的。从保留下来的一些诗中我们可以看出，这些诗感情真挚、清新隽永，字里行间充满了高尚的情操和火一般的青春气息。

面对复杂险恶的社会现实，马克思感到他与燕妮的相爱之路不会是平坦的，狂风和暴雨将会随时迎面袭来。但是马克思绝不会向任何阻挡他前进的势力屈服，他要勇敢地战胜生活的挑战，摘取那甘甜的爱情之果。阅读了这些烫手的诗篇，燕妮的心情激动得难以平静。同马克思一样，她也对自己的恋人满怀痴情和思念，大概由于爱得太深了，与此同时，也产生出几分嫉妒和担心。这并不奇怪，马克思这一年才18岁，只身住在充满诱惑和陷阱的现代化大都市中——燕妮认为这是对他们爱情的一个威胁。另外，她此时还面临着来自两个家庭中一些人的阻挠，特别是她的异母哥哥斐迪南·冯·威斯特华伦，他是一个思想反动守旧的人，此时担任特利尔政府的枢密顾问，他竭力反对她与马克思的婚姻。所以燕妮此时在身体和精神上都忍受着十分痛苦的煎熬。

燕妮非常珍爱马克思为她写的那些诗篇，并精心地保存了下来，从未给任何人看过，直至生命的最后一刻。1837年3月，马克思正式向燕妮的家人提出求婚。这件事在威斯特华伦家里引起一场巨大的风波，燕妮也为此病在了床上。父母看出女儿为了纯真的爱情不惜牺牲自己的一切，于是同意了她的请求，但要求他们在马克思毕业后才能举行婚礼。这是这对青年男女对现存社会和传统观念进行的第一次抗争，并取得了初步的胜利。

1841年4月间，马克思拿着博士证书从柏林返回家乡。当天他就急切地赶到了罗马人街威斯特华伦家中，两颗年轻的心紧紧地相拥在了一起。此时此刻，他们都幸福地感觉到两人可以成家立业永不分离了。但事与愿违，现实生活又给他们美好的憧憬浇了一盆冷水。自从父亲去世以后，马克思家中的经济状况日益恶化，母亲艰难地承担起了养家糊口的重任，她与马克思原本就不太牢固的思想联系，也因此而变得更为脆弱。沉重的家庭负担使罕丽达对儿子只有一个要求，尽快取得学位和高官厚禄。她在1838年10月给儿子寄钱时就告诉他，此钱只能用于这一目的，但儿子的行为却使她很不满意。他在大学又读了两年半得到的不是法学学位，而是哲学学位，而且他并不想谋求官职，却一心要去学校教书。母亲认为儿子彻底违背了她的意愿，使她改善家庭生活的希望破灭了，因此大为光火，一怒之下竟拒绝分给他一份遗产。母亲的这一举动不仅严重影响了马克思的生计，而且也使他娶妻成家的打算落空了。此时的马克思又处在了人生的十字路口上，严酷的现实迫使他面临着一次命运的抉择，是谋求一份待遇优厚的官职呢，还是去从事具有巨大风险而又十分清苦的科学研究事业呢？马克思的选择是坚定不移的，他认为，高官厚禄固然很诱惑人，对家庭生活也有利，但这绝不是自己的志向。他立誓要毕生从事理论研究工作，献身于为全人类谋福利的科学事业。因此，他打算尽快到波恩大学去执教。对于马克思的这一选择，博士俱乐部的朋友们给予了巨大支持，他们纷纷写信鼓励他在理论研究领域里建功立业。燕妮对马克思也很理解，因此他们没有急于办理婚事。对此，两个家庭中的某些成员认为这对青年人的关系到此就算结束了。但他们完全想错了，马克思和燕妮的命运早已牢牢地连接在了一起，任何灾难和风浪也无法使他们分开，眼下他们只是决定把婚期推迟一下，等马克思获得大学副教授职位后再成家。

但是由于当时普鲁士的封建专制统治，打压当时拥有自由进步思想的学者，以致马克思博士毕业后无法按照计划去大学教书。此时，马克思和燕妮的婚事又变得遥遥无期，这对痴情的恋人只得在愤怒和期盼之中苦苦地相互等待。

第二节　相知相许

此后，马克思曾在《莱茵报》发表过一系列揭露社会现实的文章，并成为了《莱茵报》的主编。但是当时普鲁士的社会环境是不容许马克思这种追求进步的文章出现的，所以迫于政府的高压统治，马克思毅然辞去了《莱茵报》主编的职务。离开《莱茵报》后，马克思把自己下一步的落脚点定在了克罗茨纳赫。因为那里住着他刻骨铭心的恋人，他的未婚妻燕妮，他打算立即结婚成家。

马克思之所以希望立即与燕妮结婚，除了两人感情方面的因素外，还有一个现实的原因：早在1843年1月份，他就决定要离开德国到国外去创办杂志，因为这样可以躲开普鲁士当局的检查和迫害，充分地运用并发展自己的才华，潜心研究探讨革命理论。但马克思在做出这一决定时，想到的第一个问题就是燕妮怎么办呢？经过一番认真的考虑，马克思认为他绝不能只身一人出国，而必须与燕妮一起走，所以他决定尽快办理两人的婚事。他在给友人的信中写道："我不能、不应当、也不想同未婚妻分手离开德国。"他在另一封信中则写道："我可以丝毫不带浪漫主义地对您说，我正在热烈而严肃地恋爱！"马克思把这一想法写信告诉了燕妮，燕妮也十分赞同。于是两人立即开始进行紧张的结婚准备。不过马克思在选购物品方面却显得一窍不通，是一个十足的外行，所以燕妮只能一人把这项工作承担了起来。这种情形我们可以从这一时期燕妮写给马克思的一封信中看出来。她写道："今早出门，我在商人沃尔夫那里看到许多新式花边，你买不到物美价廉的就让人去挑吧，我请求你，亲爱的，这东西让我去买吧。现在我的确宁愿你什么都不买，把你的钱留在路上用！瞧，亲爱的！我就在你身旁，我们一块儿去买吧，不然人家会使我们上当，这在公司里是会发生的！去吧，亲爱的！现在就去买，还有小花环，真怕你多花钱！咱们一块去挑该有多好！"

1843年5月中旬，马克思经特利尔来到克罗茨纳赫见到了日夜思念的燕妮。1843年6月19日，这对有情人终于结束了长时期的苦恋，举行了婚礼。从他们私订终身到现在，整整7年过去了，在这期间，他们的爱情经历了无数风风雨雨的考验。但无论是岁月的流逝、社会上的流言蜚语，还是来自亲人的反对阻挠，都未能熄灭他们心中的爱情之火，反而使他们之间的感情纽带变得愈加牢不可破。现在他们终于幸福地结合在一起了，两颗火热的心更加紧紧地贴在了一起，他们将在时代的大潮中并肩搏击，永不分离。他们的爱情故事也终将在千千万万的革命者中间传为佳话，为一代代后人所传诵。

马克思和燕妮的婚礼是十分简朴的，毫无贵族婚礼上的奢华浮躁气息，除了燕妮的母亲和弟弟外，亲属中没有其他人参加。他们选择在克罗茨纳赫举办婚礼，就是为了追求一种清新圣洁的气氛，摆脱那些来自社会的世俗偏见。对于马克思来说，与他的心上人结合是大自然赋予他的最美好的赠礼。从此，他有了一个温馨美满的家庭，他在那漂泊不定的生活中有了一个宁静的港湾，无论是在多么困难、多么艰险的时刻和场合，他时刻都能感觉到有一颗温柔坚强的心在替他分忧解难。而对于燕妮来说，这一婚姻具有更为重大的意义，她从此与过去的贵族生活截然分开了，置身于一种前程莫测、凶吉难料的命运激流之中。但她却如释重负，因为她终于摆脱了贵族家庭的束缚，可以与自己的心上人朝夕相守，与他一起从事为全人类谋福利的伟大事业了。

  6月的艳阳把小城克罗茨纳赫装点得多姿多彩、如梦如幻，时断时续的小雨滋润着山川大地，使天地万物显得更加清新娇嫩，甚至有几分诡谲妩媚轻风温柔地吹拂着路旁和郊外原野上沾满了水滴的花枝嫩叶，这对新婚夫妇身着婚礼盛装手牵着手，在这旖旎多情的风光中徜徉漫步，雄浑嵯峨的尼柯斯克大教堂下，纳厄桥的画栏边和施罗斯贝格的乡村遗址中，到处都留下了他们款款徐行的足迹和相依相随的身影。几天后，马克思和燕妮作了一次长途旅行，先后游览了爱贝尔堡、普法尔茨、巴登等地区。在祖国的青山绿水和众多的名胜古迹中度过了永生难忘的蜜月。回家后，他们在克罗茨纳赫又居住了大约半年。这期间，马克思一边就新杂志的创办工作与卢格进行磋商，一边继续从事紧张的理论研究工作。燕妮在操持家务之余，还积极地读书学习，她不想在未来的生活中仅仅扮演一个贤妻良母的角色，而是希望能够尽力跟上丈夫那疾速前进的巨人般的步伐，并在战斗中尽力给他以必要的帮助。

第三节　婚后生活

在布鲁塞尔期间，马克思几乎每天都夜以继日地伏案工作，用自己的全部心血和智慧进行科学研究，为无产阶级的解放事业而拼搏。而燕妮则充当了他最忠实的助手和秘书，日日夜夜服侍他写作，帮助他整理书稿，这是一项十分艰巨的工作。马克思博学多才、思路敏捷，在写作时，手中的笔常常随着疾速跳跃的思维迅速地划动，龙飞凤舞的字迹使外人很难看懂。只有与他朝夕相守、相爱相知的夫人燕妮才能流利地阅读他的书稿。燕妮深知自己责任的重大，她兢兢业业，一丝不苟地工作着，出色地完成了为马克思整理和抄写书稿的重大使命。有时候，燕妮还要帮助马克思收集资料、写信以及同外界进行各种交涉等。同时，她还时常走出家门，参加布鲁塞尔共产主义者同盟和工人协会的工作。在工人协会组织的文娱活动中，燕妮常常扮演重要的角色，充分发挥自己的文学特长，尽力把协会的工作搞得有声有色。燕妮出众的文学才华和组织协调能力在协会中是有口皆碑的。

马克思和燕妮，一个是才华横溢、智慧过人的大学问家，一个是出身于贵族家庭的大家闺秀。如果他们想要为自己谋取福利过上富贵安稳的生活，这是不难做到的。但是，他们却选择了另一条道路——为全世界无产阶级的解放事业而奋斗终生。这就决定了在他们的人生旅途中，将充满艰难险阻。他们刚刚结婚时家中几乎一贫如洗，仅仅靠马克思的稿费收入和燕妮带来的一点积蓄为生。后来，燕妮得到了一笔遗产，但这对儿初入社会的青年人却不善于理财，他们把这笔钱放在一个小盒子里，来做客的朋友们谁需要便可以随便取用，很快这笔遗产就用光了。随着儿女们陆续出生，马克思一家的生活就更加拮据了。他们不仅需要养育自己的孩子们，还要招待来自各国的朋友和革命同志，有时还要关照那些不期而至的政治流亡者。有的时候，由于反动政府的迫害，马克思写的稿件不能及时发表，他们主要的生活来源——稿酬没有了，生活便陷入了无以为继的窘境。为了填饱全家人的肚子，燕妮便不得不去当铺当掉自己陪嫁时的金银首饰和衣物，他们有时还因缴不起房租而不得不四处寻找租金便宜的小旅馆居住。生活虽然这样清贫，但他们的精神世界却始终是非常充实的。为了实现人类最崇高、最美好的理想，他们甘愿像普罗米修斯那样忍受人世间最大的苦难。他们在努力着、拼搏着，踏踏实实地实践着自己年轻时立下的诺言，一时一刻也不懈怠。

第八章　熠熠生辉的思想品格

第一节　谦逊的态度

《神圣家族》一书是马克思和恩格斯的第一次合作的成果。书稿完成后，马克思曾把它寄给恩格斯审阅。恩格斯对马克思的观点十分赞赏，也对他写出了这么大部头的书而惊叹不已。他认为自己写的部分太少，最好不要署自己的名字，并把这一意见郑重地告诉了马克思。但后来马克思不仅署上了恩格斯的名字，而且把他排在第一作者的位置上。这件事表现了马克思不务虚名的高贵品质和他对恩格斯的深情厚谊，但恩格斯为此却产生了深深的内疚和不安。

第二节 心系祖国的情感

　　1845年底,马克思公开宣布放弃普鲁士国籍,从此以后,马克思成了一个没有国籍的人、一个真正的世界公民。听到这一消息后,马克思的一些朋友纷纷前来看望他。一位朋友非常关心地问道:"卡尔!听说你放弃了普鲁士国籍!这是真的吗?""是真的,"马克思镇定自若地回答说,"而且今后我可能再也得不到它了。""美国开国元勋本杰明·富兰克林有句名言,'哪里自由哪里就是我的祖国',那么你的祖国在哪里呢?"这位朋友对马克思的处境感到十分忧虑。稍加思索后,马克思用一种斩钉截铁的口吻告诉这位友人:"哪里没有自由,哪里就是我的祖国。"他看到这位朋友有些迷惑不解,于是又作了简明扼要的解释。这是《常识》一书的作者英国民主主义思想家托马斯·潘恩说过的话,当年美国爆发了反对英国殖民统治的独立战争,潘恩在美国为美利坚民族而战。美国革命胜利后,他又回到欧洲参加了欧洲的反封建斗争。在此需要提及的是,马克思虽然放弃了普鲁士国籍,但这并不意味着他不热爱这个国家。因为普鲁士毕竟是他的祖国,他生于此,长于此,在这里受到了良好的教育,母亲和许许多多亲朋好友也还生活在这里。他所痛恨的只是普鲁士的封建专制制度和黑暗的社会现状。正是由于反动政府的残酷迫害,才使他忍痛放弃了国籍。但马克思始终把可爱的故土牢牢地记在心里，一生中从未谋求过其他国家的国籍。他曾多次试图恢复普鲁士国籍，但没有获得过成功，直至他去世。

第三节 孜孜不倦地专研

马克思在布鲁塞尔居住了三年，这是他闭门苦读、潜心从事科学研究的一个时期。马克思从青年时代就养成了良好的学习方法和刻苦钻研的习惯，他不仅天天手不释卷、认真研读，而且对理论研究工作具有一种锲而不舍、精益求精的科学态度和高度负责的敬业精神，他从不马马虎虎、敷衍了事。有一件事可以充分证明这一点。在马克思读过的书上，人们可以看到许许多多记号，有曲线、直线、叹号、问号和重点号。在书页的边缘处和扉面上还密密麻麻地写满了批注，马克思进行科研时，常常会产生出极为强烈的执着感和巨大的冲动。有时甚至能达到废寝忘食、如痴如迷的程度，他几乎每天都要工作十七八个小时，常常要熬到凌晨两三点钟才休息，天刚亮又起床继续写作。但他最喜欢的工作时间还是夜晚，每当星斗阑干、明月当头，孩子们都进入了甜蜜的梦乡，屋子里静寂无声时，马克思的头脑便开始进入了最亢奋的状态。他用帐幔把灯光紧紧地遮住，聚精会神地投入到了他所钟爱的研究工作之中。此时，他的整个身心都完全沉浸在创作的激情和灵感里了，只有热血在周身沸腾，大脑中不断地闪烁着思辨的火花。

在英国的曼彻斯特，马克思和恩格斯在古老的切特姆图书馆度过了一段难忘的日子。为了著述《德意志意识形态》，马克思和恩格斯每天都在这里阅读许多在欧洲大陆见不到的经济学和政治学著作，并作了大量的摘抄工作。恩格斯后来在回忆这段日子时写道："近几天我又坐在小楼凸窗处的方形斜面桌前兴奋地工作，这是我们10年前坐过的地方，我很喜欢这个位置，那里有彩色玻璃，光照始终很充足！"

第四节　严谨的治学态度

马克思在写作《共产党宣言》期间，其他的事情他几乎一概不做，只是夜以继日地伏案工作。马克思奋笔疾书、通宵达旦是经常发生的事情，甚至睡梦中有时也在思考问题。文稿写完后，他又进行了多次修改、润色直至自己感到满意后才住笔。从这一点上看，他很像文艺复兴时代的一位欧洲诗人。据说这位诗人有一张奇怪的书桌，桌上有100个抽屉，他每写一首诗都要反复地修改，修改一次就换一个抽屉，直至稿子从第100个抽屉取出时，诗作才算完成。

在那段紧张忙碌的日日夜夜里，燕妮再次充当了马克思的秘书。马克思每修改完一遍稿子，她都要一页一页地整理抄写好，有时还要笔录丈夫向她口述的草稿，时常忙碌到深夜。但她感到有些奇怪，丈夫对这部书稿提出的要求似乎比任何时候都高得多，甚至有几分苛刻。一天夜里，燕妮一边抄写稿件，一边轻轻地问道："卡尔，这已经是第三稿了。你把文稿精炼了再精炼，到底还要修改多少遍呀？究竟达到什么程度才能使你感到满意呢？""这是一部关系重大的书！"马克思以一种少有的严肃态度告诉妻子，"我们要像对待自己的婴儿那样格外珍爱它，绝对不能有一丝一毫的疏漏，否则的话我们会遗憾终生的。"其实燕妮也意识到了这本书的重要性，所以她才以比以往更大的热情关注着它的完成，但是她并没有料到眼下她帮助丈夫写作的是一部必将震撼世界和扭转乾坤的书。多年以后，这本书成了世界上翻译版本最多、发行量最大的一部著作，并将世世代代流传于世界上所有的国家和地区。

第五节　不断创新的精神

马克思具有伟大的创新精神，而这种创新精神同他对人类文化遗产的批判继承紧密结合在一起，他所创立的马克思主义的三个组成部分都是批判继承与理论创新相结合的典范。马克思在青年时期曾是狂热的黑格尔的信徒，在他发现黑格尔哲学体系中的矛盾之后，勇敢地提出质疑，并深入研究，最终马克思批判了黑格尔哲学中的唯心主义体系，吸取了他的辩证法的"合理内核"，以及批判了费尔巴哈唯物主义的唯心史观，吸收了他的唯物主义"基本内核"，创立了马克思主义哲学。马克思主义的另外两个主要组成部分——政治经济学和科学社会主义也都是在批判地继承前人优秀成果的基础上创立的。黑格尔、费尔巴哈、亚当·斯密、大卫·李嘉图、圣西门、傅立叶、欧文等人都是思想理论界的权威，如果马克思迷信理论权威，没有敢于"站在巨人的肩膀上"的勇气，没有敢于创新的意识，他就不可能创立马克思主义。

第九章　　马克思的自白

您喜爱的优点：

一般人……………………………淳朴。

男人………………………………刚强。

女人………………………………柔弱。

您的特点…………………………目标始终如一。

您对幸福的理解…………………斗争。

您对不幸的理解…………………屈服。

您能原谅的缺点…………………轻信。

您厌恶的缺点……………………奉迎。

您厌恶的人………………………马了·塔波尔。

您喜欢做的事……………………啃书本。

您喜爱的诗人……………………莎士比亚、埃斯库罗斯、歌德。

您喜爱的散文家…………………狄德罗。

您喜爱的英雄……………………斯巴达、开普勒。

您喜爱的女英雄…………………甘泪卿。

您喜爱的花………………………瑞香。

您喜爱的颜色……………………红色。

您喜爱的名字……………………劳拉、燕妮。

您喜爱的菜………………………鱼。

您喜爱的格言……………………人所具有的我都具有。

您喜爱的箴言……………………怀疑一切。

知识链接

拜金主义

　　拜金主义是一种在近代兴起的价值观,持此观念的人认为"在社会上,无钱万万不能"、"金钱至上",这种价值观被认为起源于资本主义鼓励人类追求自我物质利益的思想主张,而许多广告也被认为有助长社会整体拜金主义风气的作用。拜金主义经常引起许多批评,尤其被保守派的人士抨击为造成现代社会物欲横流、道德沦丧的象征之一。批评者认为,拜金主义者太过强调金钱的重要性,以致拜金主义者变得唯利是图,对许多事物经常只看得到表面,看不到其内涵,精神层面也极为空虚。然而也有人认为,追求更好、更富裕的生活是所有人类的本性,而拜金主义不过是在现代资本主义社会的风气下,人类此种本性的一种反映而已。

辩证法

辩证法是关于对立统一、斗争和运动、普遍联系和变化发展的哲学学说，源出希腊语"dialego"，意为谈话、论战的技艺，指一种逻辑论证的形式。现在用于包括思维、自然和历史三个领域中的一种哲学进化的概念，也用来指和形而上学相对立的一种世界观和方法论。

辩证唯物主义

辩证唯物主义，是马克思、恩格斯批判地吸取德国古典哲学——黑格尔的辩证法的"合理内核"和费尔巴哈唯物论的"基本内核"，在总结自然科学、社会科学和思维科学的基础上创立的系统科学的逻辑理论思维形式，是一种以马克思和恩格斯学说来研究现实的哲学方法，是用"辩证的观点"和"唯物论的观点"解释和认识世界的理论。一般认为"辩证唯物主义"和"唯物辩证法"在本质上是一致的。

辩证唯物主义的基本观点有：1.唯物主义认为，物质是第一性的，意识是第二性的。世界的本原是物质，世界的万事万物都是物质派生出来的。2.物质世界是按照它本身所固有的规律运动、变化和发展的。规律是客观的，是不以人的主观意志为转移的。3.辩证的唯物主义观点是相对于机械唯物主义而言的，即将辩证法与唯物主义相结合。

不可知论

不可知论是一种唯心主义的认识论，认为除了感觉或现象之外，世界本身是无法认识的。它否认社会发展的客观规律，否认社会实践的作用。不可知论最初是由英国生物学家T.H.赫胥黎于1869年提出的。不可知论断言人的认识能力不能超出感觉、经验和现象的范围，不能认识事物的本质及发展规律。在现代西方哲学中，许多流派从不可知论出发来否定科学真理的客观性，否认认识世界的可能性或者否认彻底认识世界的可能性。

德国古典哲学

德国古典哲学一般是指康德、费希特、谢林、黑格尔和费尔巴哈的哲学，是代表西方近代哲学的最高阶段。它继承了由德国哲学家莱布尼茨代表的唯理主义倾向，同时又受到了苏格兰启蒙运动中著名哲学家休谟的经验主义和怀疑论的影响，此外，以莱辛、歌德为代表的启蒙运动文学也对德国古典哲学起到了相当程度的影响。（斯宾诺莎的宿命论思想有时也被认为是德国古典哲学的重要思想来源之一。）在这些思想的共同影响下，德国古典哲学家总结并探讨了一系列哲学上的重大问题，尽管他们中的多数经常被泛泛地认为是唯心主义者，但他们的主张却不是统一的。

康德是一个二元论者和不可知论者，他为了调和唯理主义和经验主义，提出了自己的批判哲学。费希特则持有一种主观唯心主义（后期也被认为倾向于客观唯心主义），谢林和黑格尔有时候被认为是客观唯心主义者，但事实上他们的意见是非常不同的。直到费尔巴哈以一种唯物主义的观点对黑格尔宏大的形而上学体系提出抨击，从而终结了德国古典哲学。

德国古典哲学具有抽象性和思辨性的特点，同时它也是马克思主义的三个理论来源之一。此外，它提出了包括认识论、本体论、伦理学、美学、法哲学、历史哲学以及政治哲学等领域的各种重大问题和范畴，标志着近代西方哲学向现代西方哲学的过渡。

第二次工业革命

第二次工业革命，也称第二次科技革命，是指1870年至1914年的工业革命。其中西欧和美国以及1870年后的日本，工业得到飞速发展。第二次工业革命紧跟着18世纪末的第一次工业革命，并且从英国向西欧和北美蔓延。第二次工业革命以电力的大规模应用为代表，以电灯的发明为标志。

第二国际

第二国际，即"社会主义国际"，是一个工人运动的世界组织。1889年7月14日在巴黎召开了第一次大会，通过《劳工法案》及《五一节案》，决定以同盟罢工作为工人斗争的武器。组织后因第一次世界大战爆发而解散，其后伯尔尼国际成立并作为实体运作。第二国际所做出影响最大的动作包括宣布每年的5月1日为国际劳动节，宣布每年的3月8日为国际妇女节，并创始了八小时工作制运动。当今世界最大的政党组织"社会党国际"实际上为其延续，在二战后的1951年成立，成员均为原第二国际成员。

第一国际

第一国际，即国际工人联合会，1864年由英、法、德、意四国工人代表在伦敦开会成立，马克思代表德国工人参加该组织的工作，并逐渐用"科学社会主义"理论作为组织指导思想。由于会名太长，有时人们取它的第一个单词"International"代指，简称为"国际"，历史上即称为"第一国际"。1871年，第一国际法国支部参加并领导了巴黎公社运动。但是随着巴黎公社的失败，第一国际也日渐衰弱，1876年正式宣布解散。

法国1789年的资产阶级大革命

法国大革命，又称法国1789年的资产阶级大革命，是1789年在法国爆发的资产阶级革命，法国的政治体制在大革命期间发生了史诗性的转变：统治法国多个世纪的绝对君主制与封建制度在三年内土崩瓦解，过去的封建贵族和宗教特权不断受到自由主义政治组织和平民的冲击，传统观念逐渐被全新的天赋人权、三权分立等民主思想代替。

法国大革命始于1789年5月的三级会议。革命的头一年，第三等级的革命民众在6月发表了《网球场宣言》，7月攻占了巴士底狱，8月凡尔赛妇女运动迫使法国王室在10月返回巴黎。之后几年不断出现自由集会和保守的君主制度改革。1792年9月22日，法兰西第一共和国成立，路易十六在次年被推上了断头台。不断出现的外部压力实际上在法国革命中起到了主导作用，法国革命战争从1792年开始，取得了一个世纪以来法国未曾取得的胜利，并使法国间接控制了意大利半岛和莱茵河以西的领土。在国内，派系斗争及民众情绪的日益高涨导致了1793年至1794年恐怖统治的产生。罗伯斯庇尔和雅各宾派倒台以后，督政府于1795年掌权，直到1799年拿破仑上台后结束。

关于法国大革命的结束时间尚存争议，正统观点认为1799年的雾月政变为革命终结的标志；另有观点认为1794年7月雅各宾派统治的结束为革命的终结；还有观点认为1830年七月王朝建立是革命终结的标志。

现代社会在法国革命中拉开帷幕，共和国的成长、自由民主思想的传播、现代思想的发展以及国家之间大规模战争的出现都是此次革命的标志性产物。在作为近代一场伟大的民主革命而受到赞扬的同时，法国大革命也因其间所出现的一些暴力专政行为而为人诟病。革命随后导致了拿破仑战争、两次君主制复辟以及两次法国革命。接下来直至1870年，法国在两次共和国政府、君主立宪制政府及帝国政府下交替管治。

历史学家、《旧制度与大革命》的作者托克维尔则认为，1789年法国革命是迄今为止最伟大、最激烈的革命，代表法国的"青春、热情、自豪、慷慨、真诚的年代"。

封建主义

封建主义包括三个方面：一是指封建专制制度，包括政治、经济制度在内的整个社会制度；二是指意识形态；三是指以封建主义思想为指导，为建立或复辟封建专制制度而进行的活动。三者之间相互联系又相互区别，不能等同和混淆。也可以说，封建主义在经济上代表的是地方保护主义和部门主义；在政治上代表的是专制主义和宗法制度；在思想上代表的是纲常伦理、宗法意识和社会生活中的各种落后、愚昧现象、迷信思想和活动。包括制度、活动、思想三方面含义的封建主义，才能称之为完整意义上的封建主义。

个体经济

以生产资料个体所有和个体劳动为基础的经济。如小农经济、小手工业经济、个体商业等。原始社会解体时产生，存在于奴隶社会、封建社会、资本主义社会和社会主义社会，但从来没有成为独立的社会经济形态，而总是从属于占统治地位的经济。具有规模小、经营分散、经济不稳定等特点。在我国，经过社会主义改造，绝大部分个体经济已经转变为社会主义集体经济。但在社会主义国营经济和集体经济占绝对优势的前提下，在法律规定的范围内允许个体经济存在，作为社会主义公有制经济的补充。

工业革命

工业革命，又称产业革命，是指资本主义工业化的早期历程，即资本主义生产完成了从工场手工业向机器大工业过渡的阶段。工业革命是以机器取代人力，以大规模工厂化生产取代个体工场手工生产的一场生产与科技革命。由于机器的发明及运用成为了这个时代的标志，因此，历史学家称这个时代为"机器时代"。

有人认为工业革命在1759年左右已经开始，但直到1830年，它还没有真正蓬勃地展开。大多数观点认为，工业革命发源于英格兰中部地区。1769年，英国人瓦特改良蒸汽机之后，由一系列技术革命引起了从手工劳动向动力机器生产转变的重大飞跃。随后自英格兰扩散到整个欧洲大陆，19世纪传播到北美地区。一般认为，蒸汽机、煤、铁和钢是促成工业革命技术加速发展的四项主要因素。在瓦特改良蒸汽机之前，整个生产所需动力依靠人力和畜力。伴随蒸汽机的发明和改进，工厂不再依河或溪流而建，很多以前依赖人力与手工完成的工作自蒸汽机发明后被机械化生产取代。

工业革命是一般的政治革命不可比拟的巨大变革,其影响涉及人类社会生活的各个方面,使人类社会发生了巨大的变革,对人类的现代化进程的推动起到了不可替代的作用,把人类推向了崭新的蒸汽时代。

共产国际

共产国际,亦称"第三国际",1919年3月2日至6日在列宁的领导下,在莫斯科召开了共产国际第一次代表大会。参加大会的有来自欧、亚、美洲21个国家的35个政党和团体的代表52人,通过了列宁起草的《共产国际宣言》、《共产国际行动纲领》等文件,宣告了共产国际的成立。共产国际在其存在的24年中,共召开过7次代表大会和13次执行委员会全会。共产国际在列宁领导期间,成绩比较显著。1924年1月,列宁去世后,共产国际出现了一些错误。总的来说,共产国际在宣传马克思列宁主义,团结各国无产阶级和被压迫民族,领导和推动无产阶级革命运动,促进亚非拉民族解放运动,反对帝国主义和法西斯主义,促进各国共产党的成长等方面起了重大的作用。

共产主义

共产主义是一种政治思想,主张消灭私有产权,并建立一个各尽所能、按需分配的生产资料公有制（进行集体生产）社会，而且是一个没有阶级制度、国家和政府的社会。在这一体系下，土地和资本财产为公共所有。其主张劳动的差别并不会导致占有和消费的任何不平等，并反对任何特权。在科学共产主义（马克思主义及其各流派）的理论中，它在发展上分两个阶段，初级阶段是社会主义，高级阶段是共产主义。通常所说的共产主义，指共产主义的高级阶段。

按照马克思主义理论（历史唯物主义），资本主义必将为共产主义所取代，这是不以人们的意志为转移的社会发展的历史规律。因随着工业革命后各种机械自动化生产所带来的高生产力，长期而言经济生产所需的人力将愈来愈少，在私有财产制度下绝大多数人将会失业，因此，社会若想继续和平发展就必须进入共产主义，将愈来愈少的工作量分配给各个工作的人，除了为兴趣而自愿长期工作的人之外，基本上多数人可减少许多工作时间就能维持日常生活。共产主义思想在实行上，需要人人有高度发达的集体主义精神，而这就要求社会生产力达到充分的发展和极度的发达。

共产主义社会

共产主义社会是一种社会形态，它是在生产资料公有制的条件下，在高度发达的社会生产力的基础上所实行的一种各尽其职、按需分配的劳动者自由联合的社会经济形态。

后马克思主义

　　后马克思主义的概念自20世纪80年代以来就以一种不太准确和规范的方式被使用着，它并非描述一个学派，而是描述一个趋向。后马克思主义倡导一种偶然的话语逻辑，它主张把意识形态和经济及阶级要素完全剥离开来，然而，对于后马克思主义自身的"发生学"分析，后马克思主义的话语理论却无能为力。后马克思主义不论作为一种思想倾向，还是作为一种确定的理论立场，它的生成、确立和盛行都不是脱离社会文化环境的纯粹话语运作的结果，就像后马克思主义本身不能够完全拒斥马克思主义一样，对后马克思主义社会和思想根源的理论透视也离不开马克思主义的分析方式。后马克思主义之所以在20世纪70年代末至80年代中期孕育成形，有着它特定的社会的、政治的、阶级的、思想的以及学理上的源流。

货币

　　货币是用作交易媒介、储藏价值和记账单位的一种工具，是专门在物资与服务交换中充当等价物的特殊商品。既包括流通货币，尤其是合法的通货，也包括各种储蓄存款。在现代经济领域，货币的领域只有很小的部分以实体通货方式显示，即实际应用的纸币或硬币，大部分交易都使用支票或电子货币。货币区是指流通并使用某一种单一的货币的国家或地区。不同的货币区之间在互相兑换货币时，需要引入汇率的概念。

基督

基督，基利斯督之简称，来自于希腊语，是亚伯拉罕诸教中的术语，原意是"受膏者"（中东地区肤发易干裂，古代的以色列王即位时必须将油倒在国王的头上，滋润肤发，象征这是神用来拯救以色列人的王，后来转变成救世主的意思），也等同于希伯来语中的名词弥赛亚，意思为"被涂了油的"。在基督教、圣经当中基督是"拿撒勒"主耶稣的专有名字，即"主耶稣基督"。

基督教

基督教是一种以新旧约全书为圣经，信仰神和天国的宗教，发源于中东地区。在人类发展史中，基督教扮演着非常重要的角色，中世纪到文艺复兴尤甚。基督徒是相信耶稣为神（天主或称上帝）的圣子、人类的救主（弥赛亚，即基督）的一神论宗教。基督教与伊斯兰教、佛教并列为当今三大世界性宗教。基督教主要有天主教（又称公教会）、希腊正教（又称正教会、东正教）、基督新教（华人俗称基督教）三大派别，以及其他许多规模较小的派别。基督教虽然发源于中东地区，但后来由于阿拉伯帝国和奥斯曼土耳其帝国的兴起、扩张和持续打压，基督教的传播中心逐渐转移至欧洲，并在欧洲发扬光大，并由此传播至远东、美洲、非洲、大洋洲等地。中文语汇的"基督教"一词时常是专指基督新教，这是中文目前的特有现象。基督教徒约有17亿7千万人。天主教徒占其中的52.89%（约10亿人），基督新教占其中的17.63%（约3亿人），而东正教则占其中的10.64%（约2亿人）。

价值

价值，泛指客体对于主体表现出来的积极意义和有用性。可视为是能够公正且适当反映商品、服务或金钱等值的总额。在经济学中，价值是商品的一个重要性质，它代表该商品在交换中能够交换得到其他商品的多少，价值通常通过货币来衡量，称为价格。这种观点中的价值，其实是交换价值的表现。

根据新古典主义经济学（目前比较流行的一种经济学理论），物体的价值就是该物体在一个开放和竞争的交易市场中的价格，因此，价值主要取决于对于该物体的需求，而不是供给。有些经济学者经常把价值等同于价格，不论该交易市场竞争与否。而古典经济学则认为价值和价格并不等同。按照马克思主义政治经济学的观点，价值就是凝结在商品中无差别的人类劳动，即商品价值。马克思还将价值分为使用价值（给予商品购买者的价值）和交换价值（使用价值交换的量）。

价值规律

价值规律，亦称"价值法则"，是商品生产和商品交换的基本规律。其主要内容和客观要求是商品的价值量由生产商品的社会必要劳动时间决定，商品按照价值量相等的原则进行交换。在以货币为媒介的商品交换中，要求价格符合于价值。

交换价值

交换价值指的是当一种产品在进行交换时，能换取到其他产品的价值。交换价值在马克思的学说中，是物品借着一种明确的经济关系才能够产生出的价值，也就是说，经济关系乃是交换价值的背景。交换价值只有在一个产品进行交换时，特别是产品作为商品在经济关系中出售及购买时，才具有意义。交换价值的根本属性是产品的使用价值，但是交换价值在商品交易中根据双方需求会发生较大的波动。例如，1升水在平时和旱季，其使用价值是一样的，但是交换价值的变化却很大。

教条主义

教条主义是主观主义的一种表现形式，亦称本本主义。主要特点是从书本的个别定义、词句出发，不从实际出发。无产阶级革命队伍中的教条主义者，不把马克思列宁主义当作行动的指南，而是把它当作僵死的教条和不变的公式，到处生搬硬套。他们不愿做艰苦细致的调查研究工作，不肯动脑分析具体问题，反对理论和实践相结合，脱离实际，脱离群众。用这种思想方法指导工作，会给革命和建设事业带来严重危害。

科学社会主义

科学社会主义是与空想社会主义相对而言的、关于社会主义的科学的理论体系、理论模型与实践模式。科学社会主义是人类一切文明成果的结晶。马克思、恩格斯运用辩证唯物主义的逻辑思维形式，在批判历代空想社会主义的基础上，以历史唯物主义的观点揭示和发现了人类社会发展的规律及当代资本主义经济运动的规律——剩余价值规律。马克思的这两个规律的发现使社会主义从空想变成了科学。科学社会主义是关于无产阶级解放斗争发展规律的科学，是一门政治科学，或者说是一门政治学。

可知论

可知论认为世界是可以为人所认识的，世界上只有尚未被认识的事物，不存在不能认识的事物。一切的唯物主义者都是可知论者，他们坚持物质第一性，意识第二性；彻底的唯心主义者也是可知论者，但他们坚持意识第一性，物质第二性。

空想社会主义

空想社会主义又称乌托邦社会主义，是产生于资本主义生产状况和阶级状况尚未成熟时期的一种社会主义学说，是现代社会主义思想来源之一。空想社会主义者相信在不久的将来可以建立理想的意识形态社会，并为之不懈努力奋斗。这种学说最早见于16世纪托马斯·莫尔的《乌托邦》一书，盛行于19世纪初期的西欧。空想社会主义者认为社会主义的理想社会应该建筑在人类的理性和正义的基础上，而这种社会至今还未出现，是由于人们不认识和不承认的缘故。他们觉得只要有天才掌握了这种思想，并推广开去，就能实现他们心中的理想社会。空想社会主义者反对资本主义，并认为资本主义的剥削制度是由于人类在道德和法律上犯了错误，背弃了人类的本性而产生的。

劳动对象

劳动对象指劳动本身所对应的客体，比如耕作的土地、纺织的棉花等。包括两大类：一是自然界的物质，即未经人类加工过的自然物，如矿藏；一是人类劳动加工过的，用作原材料的产品，如棉花、钢铁等。

劳动力

劳动力，即人的劳动能力，指蕴藏在人体中的脑力和体力的总和。物质资料生产过程是劳动力作用于生产资料的过程。离开劳动力，生产资料本身是不可能创造任何东西的。但是，在物质资料生产过程中，劳动力发挥作用，除了必须具备一定的生产经验和劳动技能或科学文化知识外，还必须具备一定量的生产资料，否则，物质资料生产过程也是不能进行的。劳动者在生产过程中运用自己的劳动力和生产工具，作用于劳动对象，既可以创造出物质财富，也可以不断提高自己的劳动技能。

里昂工人起义

里昂工人起义是指1831年和1834年法国里昂工人反对资本主义剥削压迫的两次武装起义，里昂工人起义推动了法国工人运动的发展，是法国无产阶级作为独立的政治力量登上历史舞台的重要标志之一。与"巴黎公社"、"英国宪章运动"并称"三大工人运动"。

历史唯物主义

历史唯物主义是马克思主义哲学的重要组成部分，也被称为"唯物主义历史理论"或"唯物史观"。历史唯物主义为马克思和恩格斯所创立，以黑格尔的辩证法，结合费尔巴哈的唯物论，去解释人类历史演变的过程，并被列宁、毛泽东等人所发展，被认为是马克思主义的社会历史观和认识、改造社会的一般方法论。因其主要关注的是对历史规律的阐明，因而历史唯物主义可以归入历史哲学，具体地说是一种思辨的历史哲学。

历史唯物主义认为历史发展是客观的和有其特定规律的，其最基本的规律就是生产力决定生产关系，生产关系对生产力有反作用（可能促进或阻碍）。伴随着生产力的发展，人类社会会历经原始社会、奴隶社会、封建社会、资本主义社会、社会主义社会，最终走向共产主义社会。

马克思列宁主义

马克思列宁主义是马克思主义和列宁主义的统称。马克思主义是对马克思和恩格斯的观点和学说的总体称谓，是无产阶级及其政党的十分严整而彻底的世界观，是无产阶级开展解放运动的理论指导，是无产阶级根本利益的科学表现。列宁主义是帝国主义和无产阶级革命时代的马克思主义，是由列宁和他的战友在参加和领导俄国和国际工人运动的实践活动中，在同第二国际机会主义作斗争中，总结无产阶级新的历史经验和科学发展的新成果而形成的。它使无产阶级专政成为现实，使社会主义从科学的理论变成现实的社会制度。

马克思主义

马克思主义是马克思、恩格斯在19世纪工人运动实践基础上创立的理论体系。马克思主义主要以唯物主义角度编写而成。马克思主义理论体系包括三部分，即马克思主义哲学、马克思主义政治经济学、科学社会主义，分别是马克思、恩格斯受德国古典哲学、英国古典政治经济学、法国空想社会主义影响，并在此基础上创立的。马克思主义作为内涵丰富、外延无限的一整套严密的思想体系，我们可以从不同方面对其进行不同的定义。马克思主义从它的创造者、继承人的认识成果上讲，可以定义为：马克思主义是马克思、恩格斯创建的马克思主义者不断加以丰富发展的观点和学说的体系；从它的阶级属性讲，可以定义为：马克思主义是关于无产阶级和人类解放的科学，尤其是关于无产阶级斗争的性质、目的和条件的学说；从它的研究对象讲，可以定义为：马克思主义是一个内容极其丰富的、宏伟的、科学的理论体系，是关于自然、社会和思维发展普遍规律的学说，特别是关于资本主义发展和转变为社会主义，以及社会主义和共产主义发展普遍规律的学说。

马克思主义哲学

马克思主义哲学是关于自然、社会和思维发展的一般规律的科学，是唯物论和辩证法的统一，是唯物论自然观和历史观的统一。它是在继承和发展了德国的古典哲学，英国的古典政治经济学，英国、法国的空想社会主义下形成的马克思主义的三个组成部分之一。马克思主义哲学的主要理论来源是辩证法和唯物论，辩证唯物主义和历史唯物主义是马克思主义哲学的两大组成部分，实践概念是它的基础。

马克思主义政治经济学

马克思主义政治经济学，是马克思主义的重要组成部分。它既是我们从理论高度认识和研究资本主义的经济科学，也是我们进行社会主义经济建设和改革开放的理论指导。马克思主义政治经济学，首先包括马克思创建的政治经济学的基本原理和方法，也包括后来由列宁、毛泽东、邓小平和党中央发展了的经济思想与理论，还包括经济学界以马克思主义为指导研究当代资本主义和社会主义所取得的有关成果。马克思主义政治经济学的基本观点主要包括在马克思的重要著作《资本论》中，在《资本论》中，马克思研究了资本主义经济学的理论和英国历年的经济统计资料，对资本主义经济学理论进行了分析和批判。

七月革命

七月革命，即法国七月革命，是1830年欧洲的革命浪潮的序曲，因为波旁王室的专制统治令经历过法国大革命的法国人民难以忍受，以致法国人群起反抗当时法国国王查理十世的统治。此次革命的成功是维也纳会议后首次在欧洲成功的革命运动，革命鼓励了1830年及1831年欧洲各地的革命运动，表明维也纳会议后，由奥地利帝国首相梅特涅组织的保守力量未能抑制法国大革命后日益上扬的民族主义及自由主义浪潮。

青年黑格尔派

青年黑格尔派，又称黑格尔左派，是在19世纪30年代黑格尔哲学解体过程中产生的激进派，知名成员有布鲁诺·鲍威尔、大卫·施特劳斯、麦克斯·施蒂纳、费尔巴哈等。活动中心在柏林，马克思和恩格斯也曾参加过青年黑格尔派的活动。

人文主义

人文主义是在文艺复兴时期新兴资产阶级反封建反教会斗争中形成的思想体系、世界观或思想武器，也是这一时期资产阶级进步文学的中心思想。它主张一切以人为本，反对神的权威，把人从中世纪的神学枷锁下解放出来。人文主义宣扬个性解放，追求现实人生幸福；追求自由平等，反对等级观念；崇尚理性，反对蒙昧。

商品

商品是一种用于满足购买者欲望和需求的产品。狭义概念中的商品是一种有形的物质产品，区别于无形的服务。就其本身而论，商品能以有形的方式交付给购买者，并且它的所有权也一并由销售者转移给了顾客。例如，苹果是有形的商品，相对而言，理发则是一种无形的服务。

社会必要劳动时间

　　社会必要劳动时间是与"个别劳动时间"相对而言的,指在现有的社会正常的生产条件下,在社会平均的劳动熟练程度和劳动强度下制造某种使用价值所需要的劳动时间。这里的"现有的社会正常的生产条件"是指现时某生产部门的平均生产条件,或大多数商品生产者所具有的生产条件,其中最主要是劳动工具的状况;这里的"平均的劳动熟练程度和劳动强度"是指中等水平或部门的平均劳动熟练程度和劳动强度。如生产一件上衣,各个商品生产者由于设备、技术熟练程度等差别,个别劳动时间从2小时到4小时不等,但一般用3小时的劳动就能生产出来,这3小时就是生产上衣的社会必要劳动时间,它随社会劳动生产率的提高而减少。另外,马克思在分析社会生产各部门之间按比例分配社会总劳动的必要性时,提出另一个意义上的社会必要劳动时间,是指满足社会对某种产品的需要而必须分配到某一部门去的那部分社会劳动时间,如社会需要10万双鞋,每双鞋需平均耗费社会劳动时间1小时,则生产鞋所需的社会必要劳动时间为10万小时。

《社会契约论》

　　《社会契约论》,又译为《民约论》,或称《政治权利原理》，是法国思想家让·雅克·卢梭于1762年写成的一本书。《社会契约论》中主权在民的思想，是现代民主制度的基石，深刻地影响了废除欧洲君主绝对权力的运动，和18世纪末北美殖民地摆脱英帝国统治、建立民主制度的斗争。美国的《独立宣言》和法国的《人权宣言》及两国的宪法均体现了《社会契约论》的民主思想。

社会主义

　　社会主义是一套经济体系和政治理论，主张或提倡公共或以整个社会作为整体，来拥有和控制生产资料（产品、资本、土地、资产等），其管理和分配基于公众利益。其提倡由集体或政府拥有与管理生产工具，分配物资。社会主义分为了诸多流派，从建立合作经济管理结构到废除等级制度以至于自由联合。作为一项政治运动，社会主义的政治哲学主张从改良主义到革命社会主义均有分布。如国家社会主义主张通过推动生产、分配和交换全方位的国有化来实现社会主义；自由社会主义倡导工人传统地控制生产方式，反对国家权力来进行管理；民主社会主义则通过民主化进程来寻求建立社会主义。

　　现代社会主义理论始于18世纪知识分子与工人阶级发起的批评工业化与私有财产对社会影响的政治运动。早期的空想社会主义者，诸如罗伯特·欧文曾试图建立一个自给自足并脱离资本主义社会的公社；而圣西门则创造了名词socialisme，提倡技术官僚与计划工业的应用。马克思和恩格斯共同设计创造了一个理想的社会制度，通过除去导致不合格与周期性生产过剩的无政府主义和资本主义生产，来允许广泛应用现代科技，从而将经济活动合理化。在19世纪初期，社会主义还只是表明关注社会问题；到了19世纪末期，社会主义已经成为了建立基于社会共有的新体制的推动力，并站到了资本主义的对立面。

社会主义社会

社会主义社会，是一种社会形态，指用马克思主义理论指导，重视社会福利，采用财产公有制的，通常是共产主义政党专政、工人阶级领导的社会。按照马克思主义理论，社会主义社会是资本主义社会向共产主义社会的过渡性社会形态。

生产关系

生产关系是指在物质生产过程中形成的人们之间的社会关系，它集中体现了人们之间的物质利益关系。生产关系的内容包括人们在一定的生产资料所有制基础上形成的、在社会生产总过程中发生的生产、分配、交换和消费的关系。

生产力

生产力，又称"社会生产力"，是人们征服自然、改造自然、获得物质资料的能力。生产力和生产关系是社会生产不可分割的两个方面。生产力包括劳动者、劳动资料和劳动对象三大要素。

生产资料

生产资料，也称作生产手段，是马克思主义理论家认定的生产力三要素之一。生产资料主要指劳动者进行生产时所需要使用的资源和工具。一般包括土地、厂房、机器设备、工具、原料，等等。生产资料是生产过程中的劳动资料和劳动对象的总和，它是任何社会进行物质生产所必备的物质条件。

剩余价值

根据马克思主义理论，剩余价值是指从劳动者的劳动价值中剥削出来的利润（劳动价值和工资之间的差异），即"劳动者创造的被资产阶级无偿占有的劳动"。剩余价值概念是马克思主义政治经济学的核心概念，马克思主义政治经济学认为资本主义生产的实质就是剩余价值的生产，剩余价值规律是资本主义的基本经济规律，它决定着资本主义的一切主要方面和矛盾发展的全部过程，决定着资本主义生产的高涨和危机，决定着资本主义的发展和灭亡。

使用价值

　　使用价值,是一切商品都具有的共同属性之一。任何物品要想成为商品都必须具有可供人类使用的价值;反之,毫无使用价值的物品是不会成为商品的,使用价值是物品的自然属性。马克思主义政治经济学认为,使用价值是由具体劳动创造的,并且具有质的不可比较性。比如,人们不能说橡胶和香蕉哪一个使用价值更高。使用价值是价值的物质基础,和价值一起,构成了商品二重性。

世界观

　　世界观,也叫宇宙观,是哲学的朴素形态。世界观是人们对整个世界的总的看法和根本观点。由于人们的社会地位不同,观察问题的角度也不同,因而形成了不同的世界观。哲学是世界观的理论表现形式。世界观的基本问题是精神和物质、思维和存在的关系问题,根据对这两者关系的不同回答,划分为两种根本对立的世界观基本类型,即唯心主义世界观和唯物主义世界观。

私有制

　　私有制,也叫所有制,是相对于公有制的经济制度,是在这种制度下进行的生产资料个人或集体的排他性占有。私有制是剥削社会(以奴隶社会、封建社会、资本主义、特权主义和专制社会为代表)的基本标志之一。

托拉斯

　　托拉斯，是较高级的垄断组织形式。指由许多生产同类商品或在生产上有密切关系的企业为了垄断某些商品的产销，从而获得高额利润而组成的大型垄断企业。可分为以金融控制为基础的托拉斯和以企业合并为基础的托拉斯。托拉斯在美国最为普遍，其作用覆盖整个采购、生产、销售过程。

唯物主义

　　唯物主义即唯物论，是一种哲学理论，肯定世界的基本组成为物质，物质形式与过程是我们认识世界的主要途径，持着"只有事实上的物质才是真实存在的实体"这一种观点，并且被认为是物理主义的一种形式。该理论的基础是，所有的实体（和概念）都是物质的一种构成或者表达，并且，所有的现象（包括意识）都是物质相互作用的结果，在意识与物质之间，物质决定了意识，而意识则是客观世界在人脑中的生理反应，也就是有机物出于对物质的反应。因此，物质是唯一事实上存在的实体。作为对现实世界的一种解释，唯物主义是唯心主义和心灵主义的一个对立面。

　　唯物主义有机械唯物主义和辩证唯物主义的区别，机械唯物主义认为物质世界是由各个个体组成的，如同各种机械零件组成一个大机器，不会变化；辩证唯物主义认为物质世界永远处于运动与变化之中，是互相影响、互相关联的。机械唯物论的代表人物是费尔巴哈，辩证唯物论的代表人物是马克思、恩格斯和列宁。

唯心主义

　　唯心主义即唯心论，又译作理念论、观念论，是哲学中对思想、心灵、语言及事物等彼此之间关系的讨论及看法。唯心论秉持世界或现实如同精神或意识，都是根本的存在。唯心论直接相对于唯物论，后者认为世界的基本成分为物质，我们对世界的认识主要是通过物质，并将其视为一种物质形式与过程。唯心论同时也反对现实主义的哲学观，后者认为在人类的认知中，我们对物体的理解与感知，与物体独立于我们心灵之外的实际存在是一致的。

　　马克思主义哲学则认为唯心论是哲学上的两大基本派别之一，是与唯物论对立的理论体系。唯心论在哲学基本问题上主张精神、意识的第一性，物质的第二性，也就是说，唯心论主张物质依赖意识而存在，物质是意识的产物的哲学派别，并认为可以区分为主观唯心论和客观唯心论两种基本类型。

乌托邦

　　乌托邦，也称理想乡，无何有之乡（源于《庄子》），是一个理想的群体对社会的构想，名字由托马斯·摩尔的《乌托邦》一书中所写的完全理想的共和国"乌托邦"而来。意指理想完美的境界，特别是用于表示法律、政府及社会情况。托马斯·摩尔在书中虚构了一个大西洋上的小岛，小岛上的国家拥有完美的社会、政治和法制体系。这个词用来被描述成一种被称为"意向社群"的理想社会和文学虚构的社会。

无产阶级

根据马克思主义理论，无产阶级一词指不拥有生产资本，单纯靠出卖劳动力获取收入的劳动者。马克思主义理论把无产阶级划分为普通无产阶级和下层无产阶级。在实际使用的含义中，近似地等同于近代以来出现的，主要受雇于资本家，依靠雇佣工资生活的工人群体。在马克思的理论中，无产阶级是被资产阶级通过剥削其生产价值和工资之间的差异（剩余价值）以获得利润的对象，因此，其大多在生存水平线上挣扎，教育相对落后（除非有极佳的社会福利），直到难以生存时，便容易铤而走险，当人数够多时，便会起身革命，尝试推翻现有政府及资本家。在社会主义社会，工人阶级已摆脱了被剥削、被压迫的地位，成为掌握国家政权的领导阶级。

小资产阶级

小资产阶级，指占有一定的生产资料或有少量财产的私有者，一般指不受他人剥削，也不剥削别人（或仅有轻微剥削），主要靠自己劳动为生的个体劳动者阶级。它在资本主义社会里是非基本的阶级，亦称为中间等级，主要包括农民、小手工业者、小商人、小业主等。作为劳动者，在思想上倾向于无产阶级；作为私有者，又倾向于资产阶级，极易受资产阶级思想的影响。因此，在反对封建主义的斗争中既具有革命性，同时也存在政治上的动摇性、斗争中的软弱性和革命的不彻底性。随着资本主义的发展，他们不断地向两极分化，大部分破产沦落为无产阶级或半无产阶级，小部分发财上升为资产阶级。

辛迪加

辛迪加，原意是"组合"、"联合"，是垄断组织的一种重要形式，属于低级垄断形式。辛迪加指同一生产部门的少数大企业为了获取高额利润，通过签订共同销售产品和采购原料的协定而建立的垄断组织。

形而上（学）

形而上出自《易经·系辞》，原文为"形而上者谓之道，形而下者谓之器"。用现代的思维讲，形而下就是指具体的器物（可以拓展到感性的事物），形而上就是指比较抽象的规律（包含做人做事的原则）。形而上是精神方面的宏观范畴，用抽象（理性）思维，形而上者道理，起于学，行于理，止于道，故有形而上者谓之道；形而下是物质方面的微观范畴，用具体（感性）思维，形而下者器物，起于教，行于法，止于术，故有形而下者谓之器。

形而上学（metaphysics，意为"物理学之后"）是哲学术语，哲学史上指哲学中探究宇宙根本原理的部分。马克思认为形而上学是指与辩证法对立的，用孤立、静止、片面的观点观察世界的思维方式。黑格尔把形而上学作为与辩证法相对立的一种机械教条的研究方法来批判，因此，形而上学也可以被表述成为教条主义。

修正主义

"修正"一词的含义，来源于拉丁文，有"修改、重新审查"的意思。"修正主义"一词，是在共产主义运动中对马克思主义进行歪曲、篡改、否定的一类资产阶级思潮和政治势力，是国际工人运动中打着马克思主义旗号反对马克思主义的机会主义思潮。

一般等价物

一般等价物是从商品中分离出来的，充当其他一切商品的统一价值表现材料的商品。一般等价物的出现，是商品生产和交换发展的必然结果。历史上，一般等价物曾由一些特殊的商品承担，随着社会的进步，黄金和白银成了最适合执行一般等价物职能的货币。货币是从商品中分离出来固定充当一般等价物的特殊商品。

英国工人宪章运动

宪章运动是1838年到1848年发生在英国的一场普通劳动者要求社会政治改革的群众运动，是世界三大工人运动之一。列宁称之为"世界上第一场大规模的劳动阶级运动"。宪章运动的目的是，工人们要求取得普选权，以便有机会参与国家的管理。"普选权问题是饭碗问题"，工人阶级希望通过政治变革来提高自己的经济地位。

哲学

哲学是研究范畴及其相互关系的一门学问。范畴涉及到一门学科的最基本研究对象、概念和内容，哲学具有一般方法论的功能。

纸币

纸币，又叫钞票，是指以柔软的物料（通常是特殊的纸张）印制成的特殊货币凭证，通常是由国家发行并强制使用的一种货币符号。纸币本身不具价值，虽然作为一种货币符号，但其不能直接行使价值尺度职能，而是由国家对其面值进行定义。纸币是当今世界各国普遍使用的货币形式,而世界上最早出现的纸币,是中国北宋时期四川成都的"交子"。中国是世界上使用纸币最早的国家。

资本

资本,在经济学意义上,指的是用于生产的基本生产要素,即资金、厂房、设备、材料等物质资源。在金融学和会计领域,资本通常用来代表金融财富,特别是用于经商、兴办企业的金融资产。广义上,资本也可作为人类创造物质和精神财富的各种社会经济资源的总称。

资本主义

资本主义,也被称为自由市场经济或自由企业经济,其特色是个人或是企业拥有资本财产,且投资活动是由个人决策左右,而非由国家所控制,一般并没有准确之定义,不同的经济学家也对资本主义有不同的定义。一般而言,资本主义指的是一种经济学或经济社会学的制度,在这样的制度下绝大部分的生产资料都归私人所有,并借着雇佣或劳动的手段以生产资料创造利润。在这种制度里,商品和服务借由货币在自由市场里流通。投资的决定由私人进行,生产和销售主要由公司和工商业控制并互相竞争,依照各自的利益采取行动。

资产阶级

资产阶级是指占有社会生产资料并使用雇佣劳动的现代资本家阶级，其本质是以生产资料为手段无偿占有雇佣工人的劳动，是现代社会中的主要剥削阶级。

自然经济

自然经济，也叫小农经济，是商品经济的对立面，是私有制经济的一种表现，是存在于市场范围比较小的一种经济形态，是社会生产力水平低下和社会分工不发达的产物。该种经济形态占统治地位的持续时间涵盖原始社会、封建社会以及早期的资本主义社会与半殖民地半封建社会。

宗派主义

宗派主义是指党内存在的一种以宗派利益为出发点的思想和行为，是封建宗派思想、资产阶级、小资产阶级思想在组织上的表现。主要表现为：在个人与党的关系上，把个人放在第一位，把党放在第二位，向党闹独立性；在组织上，任人唯亲，在同志中拉拉扯扯，把资产阶级的庸俗作风搬进党里来；在党内关系上，只强调局部利益，只要民主，不要集中，不遵守个人服从组织、少数服从多数、下级服从上级、全党服从中央的民主集中制原则，进行无原则的派别斗争；在和党外人士的关系上，妄自尊大，骄傲自满，不尊重人家，不学习人家的长处，不愿和人家合作等。

海格特公墓

英国伦敦的公墓，位于英国伦敦北郊的海格特地区，分东西两个部分。西海格特公墓于1839年成立，包括两个都铎风格的教堂，一个古埃及风格的大道和大门（仿造古埃及著名的国王谷建筑），还有哥特风格的墓穴；东海格特公墓于1854年成立，两年后东部也投入运营。马克思及其家人的墓就在于此，公墓还埋葬着英国物理学家和化学家法拉第、小说家乔治·艾略特。

爱德华·伯恩施坦

爱德华·伯恩施坦（1850—1932），是德国社会民主党的著名活动家，他一生的理论和政治活动经历了不同阶段：小资产阶级激进民主主义者，马克思主义者，修正主义者。从1881年初担任党机关报《社会民主党人报》编辑到1895年恩格斯逝世，这15年是伯恩施坦的黄金时代。他是作为一位杜林主义者加入德国社会民主党的，以拉萨尔主义和杜林主义的眼光来看待马克思和马克思主义。在此期间，他在恩格斯的直接关怀和指导下，对于传播马克思主义、反对党内机会主义、揭露和批判统治阶级的反动政策等方面，对党内的建设做出了重大贡献，因此，他在党内和国际工人运动中赢得了很高的声誉。列宁也曾说,伯恩施坦当时是一个"革命的社会民主党人"。1895年8月恩格斯逝世后,伯恩施坦"修正"马克思主义基本原理的倾向开始公开显露出来。1896年至1898年,他在《新时代》上以《社会主义问题》为总题目发表的一组文章,成为他对马克思主义"传统解释"的最初"批判",成为这一时期对马克思主义公开责难的代表,开启了德国社会民主党内关于什么是马克思主义、如何发展马克思主义的大争论。

爱尔维修

克洛德·阿德里安·爱尔维修(1715—1771),是18世纪法国唯物主义哲学家,法国启蒙思想家。他出生在巴黎一个宫廷医生的家庭,毕业于耶稣会办的专科学校,曾任总报税官。他考察了第三等级的贫困生活和封建贵族的糜烂生活,因而痛恨封建制度。后来,他辞去官职,专心著述,并和思想家狄德罗、霍尔巴赫等人参加了《百科全书》的编辑工作,对封建制度及教会进行了无情的揭露和批判。他的主要著作包括《论精神》和《论人的理智能力和教育》。

奥格斯特·倍倍尔

奥格斯特·倍倍尔(1840—1913),德国社会民主党的主要领导人之一，德国和国际工人运动活动家。1840年2月22日生于普鲁士，1913年8月13日卒于瑞士格尔桑斯。1865年8月结识李卜克内西，在其帮助下成长为社会主义者。1866年同李卜克内西创建萨克森人民党，加入第一国际。次年当选为德国工人协会联合会主席，并促使该会于1868年参加第一国际。1867年当选北德意志联邦议会议员，成为议会中第一个工人代表，坚决反对俾斯麦的"铁血政策"，主张通过自下而上的革命统一德意志。他和李卜克内西于1869年8月共同创建德国社会民主工党（爱森纳赫派），并制定了党纲。

柏拉图

柏拉图（约前427—前347），古希腊伟大的哲学家，也是全部西方哲学乃至整个西方文化最伟大的哲学家和思想家之一。他和老师苏格拉底、学生亚里士多德并称为古希腊三大哲学家。柏拉图出身于雅典贵族家庭，青年时师从苏格拉底。苏格拉底死后，他游历四方，曾到埃及、北非、小亚细亚沿岸和意大利南部从事政治活动，企图实现他的贵族政治理想。公元前387年活动失败后，游历12年的柏拉图逃回雅典，在一所称为阿卡德米的体育馆附近建立了一所学园，此后执教40年，直至逝世。他一生著述颇丰，其教学思想主要集中在《理想国》和《法律篇》中。柏拉图是西方客观唯心主义的创始人，其哲学体系博大精深，对其教学思想影响尤甚。柏拉图认为世界由"理念世界"和"现象世界"所组成。理念的世界是真实的存在，永恒不变，而人类感官所接触到的这个现实的世界，只不过是理念世界的微弱的影子，它由现象所组成，而每种现象是因时空等因素而表现出暂时变动等特征。由此出发，柏拉图提出了一种理念论和回忆说的认识论，并将它作为其教学理论的哲学基础。

保尔·拉法格

保尔·拉法格（1842—1911），法国杰出的马克思主义理论家，法国工人党和第二国际创建人之一。拉法格反对新康德主义和哲学上的修正主义，捍卫和宣传辩证唯物主义和历史唯物主义，拉法格还批判了饶勒斯的修正主义哲学观点。

查尔斯·泰勒

查尔斯·泰勒，1948年出生于利比里亚首都蒙罗维亚郊区。政治人物，曾于1997年至2003年8月11日间任第22任利比里亚总统。他是美国黑人后裔，年青时曾在美国波士顿当机修工，后进入马萨诸塞州本特雷学院就读，1977年获经济学学士学位，毕业后回到利比里亚。在1990年代初的利比里亚内战时他是非洲最知名的军阀之一。内战结束后他被选为总统。此后他被迫流亡。他被关押在海牙联合国监狱中受塞拉利昂特别法庭审判，2012年5月

30日被裁定谋杀、强奸及强迫儿童当兵等11项罪成,被海牙法庭判处入狱50年。

但丁

但丁·阿利吉耶里(1265—1321),意大利中世纪诗人,现代意大利语的奠基者,欧洲文艺复兴时代的开拓人物,以史诗《神曲》留名后世。但丁被认为是意大利最伟大的诗人,也是西方最杰出的诗人之一,全世界最伟大的作家之一。恩格斯评价说:"封建的中世纪的终结和现代资本主义纪元的开端,是以一位大人物为标志的,这位人物就是意大利人但丁,他是中世纪的最后一位诗人,同时又是新时代的最初一位诗人"。

笛卡尔

勒内·笛卡尔(1596—1650),生于法国,逝世于瑞典斯德哥尔摩,是法国著名的哲学家、数学家、物理学家。他对现代数学的发展作出了重要的贡献,因将几何坐标体系公式化而被认为是解析几何之父。他还是西方现代哲学思想的奠基人,是近代唯物论的开拓者,并且提出了"普遍怀疑"的主张。他的哲学思想深深影响了之后的几代欧洲人,开拓了所谓的"欧陆理性主义"哲学。黑格尔称他为"现代哲学之父"。笛卡尔堪称17世纪欧洲哲学界和科学界最有影响的巨匠之一,被誉为"近代科学的始祖"。

恩格斯

弗里德里希·冯·恩格斯（1820—1895），德国思想家、哲学家、革命家，全世界无产阶级和劳动人民的伟大导师，马克思主义的创始人之一。恩格斯是卡尔·马克思的挚友，被誉为"第二提琴手"，他为马克思从事学术研究提供了大量经济上的支持。在马克思逝世后，将马克思的大量手稿、遗著整理出版，并且成为国际工人运动众望所归的领袖。

费尔巴哈

路德维希·安德列斯·费尔巴哈（1804—1872），德国哲学家。出生于拜恩州（巴伐利亚）下拜恩区的首府兰茨胡特，死于同一州的纽伦堡，他是德国法学家保罗·约翰·安塞姆里特·冯·费尔巴哈的第四个儿子。费尔巴哈对基督教的批判在社会上产生了很大影响，他的某些观点在德国教会和政府的斗争中被一些极端主义者接受。他对卡尔·马克思的影响也很大，虽然马克思并不赞同他观点中的机械论，马克思曾写过《费尔巴哈提纲》，批判他形而上学的唯物主义观点。费尔巴哈的主要著作有《黑格尔哲学批判》和《基督教的本质》等。

费希特

约翰·戈特利布·费希特（1762—1814），德国哲学家。尽管他是自康德的著作发展开来的德国唯心主义哲学的主要奠基人之一，但他在西方哲学史上的重要性往往被轻视了。费希特往往被认为是连接康德和黑格尔两人哲学间的过渡人物。近些年来，由于学者们注意到他对自我意识的深刻理解而重新认识到他的地位。和在他之前的笛卡尔和康德一样，对于主观性和意识的问题激发了他的许多哲学思考。费希特的一些观点也涉及了政治哲学，因此，他被一些人认为是德国国家主义之父。

傅立叶

夏尔·傅立叶（1772—1837），法国著名哲学家，经济学家，空想社会主义者。出身于商人家庭的傅立叶批评当时资本主义社会的一些丑恶现象，希望建立一种以法伦斯泰尔为基层组织的社会主义社会，在这里个人利益和集体利益是一致的。他还揭露资本主义的罪恶，主张建立一个社会主义社会，但他幻想通过宣传和教育来实现这一目的。他还强调妇女解放，提出妇女解放的程度是人民是否彻底解放的准绳。

伏尔泰

伏尔泰（1694—1778），原名弗朗索瓦·马利·阿鲁埃，伏尔泰是他的笔名。法国启蒙时代思想家、哲学家、文学家，启蒙运动公认的领袖和导师。伏尔泰是18世纪法国资产阶级启蒙运动的旗手,被誉为"法兰西思想之王"、"法兰西最优秀的诗人"、"欧洲的良心"。他不仅在哲学上有卓越成就,也以捍卫公民自由,特别是信仰自由和司法公正而闻名。尽管在他所处的时代,审查制度十分严厉,伏尔泰仍然公开支持社会改革。他的论说以讽刺见长,常常抨击天主教教会的教条和当时的法国教育制度。伏尔泰的著作和思想与托马斯·霍布斯及约翰·洛克一道,对美国革命和法国大革命的主要思想家都有影响。

葛兰西

安东尼奥·葛兰西(1891—1937)是意大利共产主义思想家、意大利共产党创始者和领导人之一。他的文艺理论著作大多写于狱中,战后才得到广泛的传播和研究。他批判资产阶级唯心主义文艺观和克罗齐的"艺术即直觉"的观点,坚持历史唯物主义和无产阶级党性原则,提出创立"民族-人民的文学"的口号,对文学与社会生活,作家与时代、人民,作品的内容与形式的关系,文艺批评的任务,作了精辟的论述;同时对许多古典作家和20世纪重要的文学现象作了分析和论述。葛兰西奠定了意大利马克思主义文艺理论的基础。

哈贝马斯

尤尔根·哈贝马斯,是德国当代最重要的哲学家、社会理论家之一,是批判学派中的法兰克福学派的第二代旗手。他1929年生于杜塞多夫,历任海德堡大学教授、法兰克福大学教授、法兰克福大学社会研究所所长以及德国马普协会生活世界研究所所长。1994年荣休,被公认是"当代最有影响力的思想家",他同时也是西方马克思主义法兰克福学派第二代的中坚人物。他继承和发展了康德哲学,致力于重建"启蒙"传统,视现代性为"尚未完成之工程",提出了著名的沟通理性的理论,对后现代主义思潮进行了深刻的对话及有力的批判。他著有《历史唯物主义的重建》、《交往行为理论》等著作。

黑格尔

格奥尔格·威廉·弗里德里希·黑格尔(1770—1831),德国哲学家,出生于德国西南部巴登-符腾堡州首府斯图加特。18岁时,他进入蒂宾根大学学习,在那里,他与荷尔德林、谢林成为朋友,同时,为斯宾诺莎、康德、卢梭等人的著作和法国大革命深深吸引。许多人认为,黑格尔的思想,象征着19世纪德国唯心主义哲学运动的顶峰,对后世哲学流派,如存在主义和马克思的历史唯物主义都产生了深远的影响。更有甚者,由于黑格尔的政治思想兼具自由主义与保守主义两者之要义,因此,对于那些因看到自由主义在承认个人需求、体现人的基本价值方面的无能为力,而觉得自由主义正面临挑战的人来说,他的哲学无疑是为自由主义提供了一条新的出路。1807年,黑格尔出版了第一部作品《精神现象学》。《精神现象学》是一段伟大的概念旅程,带领我们从最基本的人类意识概念,走向最包罗万象而复杂的人类意识概念。

霍布斯

托马斯·霍布斯(1588—1679),英国的政治哲学家,创立了机械唯物主义的完整体系,认为宇宙是所有机械地运动着的广延物体的总和。他提出"自然状态"和国家起源说,认为国家是人们为了遵守"自然法"而订立契约所形成的,是一部人造的机器人,当君主可以履行该契约所约定的保证人民安全的职责时,人民应该对君主完全忠诚。他于1651年出版的《利维坦》一书,为之后所有的西方政治哲学发展奠定了根基。霍布斯的思想对其后的约翰·洛克、孟德斯鸠和让·雅克·卢梭有深刻影响,但同时他的社会契约理论与绝对君主思想又有其独特性。

基佐

弗朗索瓦·皮埃尔·吉尧姆·基佐(1787—1874),法国政治家、历史学家,他在1847年到1848年间任法国首相,是法国第二十二位首相。他是保守派人士,在任期间,他未能留心民间的疾苦,对内主张实行自由放任政策;对外则主张成立法比关税同盟，以对抗当时的德意志关税同盟，但这些措施均引起国内和国外的不满。1848年的二月革命，路易·菲利普的七月王朝被推翻，基佐也因而下台。他著有《英国革命史》、《欧洲文明史》、《法国文明史》等著作。

卡尔·考茨基

卡尔·考茨基（1854—1938），社会民主主义活动家，亦是马克思主义发展史中的重要人物。考茨基是卡尔·马克思代表作《资本论》第四卷的编者，是19世纪末德国社会民主党内最主要的领导人之一。

康德

伊曼努尔·康德（1724—1804），德国哲学家、天文学家，是星云假说的创立者之一、德国古典哲学的创始人、唯心主义者、不可知论者，德国古典美学的奠定者。他被认为是现代欧洲最具影响力的思想家之一，也是启蒙运动最后一位主要哲学家。康德哲学理论的一个基本出发点是认为将经验转化为知识的理性是人与生俱来的，没有先天的范畴我们就无法理解世界。他的这个理论结合了英国经验主义与欧陆的理性主义，对德国唯心主义与浪漫主义影响深远。

康德的一生可以以1770年为标志分为前期和后期两个阶段，

前期主要研究自然科学，后期则主要研究哲学。前期的主要成果有1755年发表的《自然通史和天体论》，其中提出了太阳系起源的星云假说。在后期，从1781年开始的9年里，康德出版了一系列涉及领域广阔、有独创性的伟大著作，给当时的哲学思想带来了一场革命，它们包括《纯粹理性批判》（1781年）、《实践理性批判》（1788年）和《判断力批判》（1790年）。"三大批判"的出版标志着康德哲学体系的完成。三大批判分别探讨了认识论、伦理学以及美学。

政治上，康德是一名自由主义者，他支持法国大革命以及共和政体，在1795年他还出版过《论永久和平》一书，提出议制政府与世界联邦的构想。其生前最后一本有代表性的著作是《人类学》（1798年），一般认为该书是对整个学说的概括和总结。康德晚年已经以一名出色的哲学家闻名于世，他去世后，人们为他举行了隆重的葬礼。

孔德

奥古斯特·孔德（1798—1857）是法国著名的哲学家，社会学、实证主义的创始人。1817年8月，他成为著名的乌托邦社会主义者圣西门的秘书。1830年，《实证主义教程》第一卷出版，稍后其他各卷（共四卷）陆续出版。1842年出版的第四卷中，正式提出"社会学"这一名称，并建立起社会学的框架和构想。1844

年孔德遇到对其理论发生重大影响的德克洛蒂尔德·德沃。受德沃影响，孔德创立"人道教"，并成立了具有宗教色彩的"实证主义学会"。整个19世纪，值得一提的法国社会学家屈指可数，但作为实证主义的创始人，奥古斯特·孔德被称为社会学之父当之无愧。他创立的实证主义学说是西方哲学由近代转入现代的重要标志之一。

列宁

列宁（1870—1924），原名弗拉基米尔·伊里奇·乌里扬诺夫，列宁是他的笔名。列宁是无产阶级革命家、政治家、思想家、理论家，布尔什维克党创立者、苏联缔造者，任苏联人民委员会主席。他继承和发展了马克思主义，形成了列宁主义理论。他被全世界共产主义者广泛认同为"全世界无产阶级和劳动人民的伟大革命导师和领袖"，也被世人认为是20世纪最伟大的人物之一。俄罗斯国家电视台2008年进行了一项关于国内最伟大历史人物的网上民意调查评选活动，经过统计，列宁位列第六，位于亚历山大·涅夫斯基、斯托雷平、斯大林、普希金、彼得大帝之后。

卢梭

让·雅克·卢梭（1712—1778），启蒙时代瑞士裔的法国思想家、哲学家、政治理论家和作曲家，是18世纪法国大革命的思想先驱，启蒙运动最卓越的代表人物之一。其论文《科学和艺术的进步对改良风俗是否有益》及《论人类不平等的起源与基础》确定了他在哲学史上的地位；他的《社会契约论》的人民主权及民主政治哲学思想深刻影响了启蒙运动、法国大革命和现代政治、哲学和教育思想。此外，他还著有《爱弥儿》、《忏悔录》、《新爱洛伊斯》、《植物学通信》等著作。

罗莎·卢森堡

　　罗莎·卢森堡（1871—1919），国际共产主义运动史上杰出的马克思主义思想家、理论家、革命家，德国社会民主党和第二国际左派领袖，被列宁誉为"革命之鹰"。在反对资本主义、修正主义和帝国主义世界大战的暴风骤雨中，始终英勇斗争，不畏强暴，展现了高度的革命乐观主义精神。1871年3月5日，出生于俄国占领下的波兰扎莫希奇的一个犹太人家庭，她原是波兰立陶宛王国社会民主党理论家。1898年移居德国柏林，并加入德国社会民主党，是党内的社会民主理论家。1914年，当德国社会民主党宣布支持德国参与第一次世界大战时，她和卡尔·李卜克内西合作成立马克思主义革命团体"斯巴达克同盟"，与社民党内以艾伯特为代表的右倾势力斗争。该组织于1919年1月1日转为德国共产党。1918年11月，在德国革命期间，她创办了《红旗报》，作为左翼的中央机构。1915年—1918年间被多次关押。罗莎·卢森堡起草了德国共产党党纲。她认为1919年1月柏林的斯巴达克起义是一个错误,但起义开始后她还是加以支持。当起义被自由军团镇压时,卢森堡、李卜克内西与其他数百位支持者被逮捕,遭到严刑拷打并被杀害。

洛克

约翰·洛克(1632—1704),英国哲学家,经验主义的开创人,同时也是第一个全面阐述宪政民主思想的人,在哲学以及政治领域都有重要影响。洛克的第一本主要著作是《论宽容》,而洛克最知名的两本著作则分别是《人类理解论》和《政府论》。洛克的思想对于后代政治哲学的发展产生了巨大影响,并且被广泛视为是启蒙时代最具影响力的思想家和自由主义者。他的著作也大大影响了伏尔泰和卢梭,以及许多苏格兰启蒙运动的思想家和美国开国元勋。他的理论被反映在美国的《独立宣言》上。洛克的精神哲学理论通常被视为是现代主义中"本体"以及自我理论的奠基者,也影响了后来大卫·休谟、让·雅各·卢梭与伊曼努尔·康德等人的著作。洛克是第一个以连续的"意识"来定义自我概念的哲学家,他也提出了心灵是一块"白板"的假设。与笛卡尔和基督教哲学不同的是,洛克认为人生下来是不带有任何记忆和思想的。

马克思的一生

马丁·路德

马丁·路德（1483—1546），宗教改革运动的发起人。他本来是罗马公教奥斯定会的会士、神学家和神学教授。为了坚决抗议罗马天主教会，他发动了一场宗教改革运动。他的改革终止了中世纪罗马公教教会在欧洲的独一地位。他翻译的路德圣经迄今为止仍是最重要的德语圣经译作。2005年11月28日，德国电视二台投票评选最伟大的德国人，路德名列第二位，仅次于康拉德·阿登纳。

马克思

卡尔·亨利希·马克思（1818—1883），马克思主义的创始人，第一国际的组织者和领导者，全世界无产阶级和劳动人民的伟大导师、政治家、哲学家、经济学家、革命理论家。主要著作有《资本论》、《共产党宣言》。他是无产阶级的精神领袖，是当代共产主义运动的先驱，支持他理论的人被视为马克思主义者。马克思最广为人知的哲学理论是他对于人类历史进程中阶级斗争的分析。他认为几千年以来，人类发展史上最大的矛盾与问题就在于不同阶级之间的利益掠夺。依据历史唯物论，马克思曾大胆地假设，资本主义终将被共产主义所取代。

孟德斯鸠

查理·路易·孟德斯鸠（1689—1755），法国启蒙思想家，社会学家，是西方国家学说和法学理论的奠基人。1748年他出版了《论法的精神》，全面分析了三权分立的原则。伏尔泰夸赞这本篇幅巨大、包罗万象的著作是"理性和自由的法典"。

欧文

罗伯特·欧文（1771—1858），英国乌托邦社会主义者，也是一位企业家、慈善家。欧文在历史上第一次揭示了无产阶级贫困的原因，并从生产力的角度提出公有制与大生产的紧密关系，他晚年还提出过共产主义主张。他最著名的著作为《新社会观》、《新道德世界书》。罗伯特·欧文是历史上第一个创立学前教育机关（托儿所、幼儿园）的教育理论家和实践者。教育与生产劳动相结合，是欧文对人类教育理论宝库的一大贡献。他认为，要培养智育、德育、体育全面发展的一代新人，必须把教育与生产劳动结合起来。

培根

弗朗西斯·培根（1561—1626），英国哲学家、思想家、作家和科学家，是古典经验论的始祖。他不但在文学、哲学上多有建树，在自然科学领域里，也取得了重大成就。培根是一位经历了诸多磨难的贵族子弟，复杂多变的生活经历丰富了他的阅历，随之而来的是他的思想成熟，言论深邃，富含哲理。他是一位理性主义者而不是迷信的崇拜者,是一位经验论者而不是诡辩学者;在政治上,他是一位现实主义者而不是理论家。他在逻辑学、美学、教育学方面也提出许多思想。他著有《新工具》、《论说随笔文集》等著作,此外,他还有许多名言为众人所知,"知识就是力量"就是其中最著名的一句名言。

普罗泰戈拉

普罗泰戈拉(约公元前490—约公元前420),公元前5世纪希腊哲学家,智者派的主要代表人物。他出生在阿布德拉城,多次来到当时希腊奴隶主民主制的中心雅典,与民主派政治家伯里克利结为挚友,曾为意大利南部的雅典殖民地图里城制定过法典。一生旅居各地,收徒传授修辞和论辩知识,是当时最受人尊敬的"智者"。普罗泰戈拉留传下来的最主要的哲学名言就是在《论真理》中说的,"人是万物的尺度,存在时万物存在,不存在时万物不存在。"

塞利格曼

马丁·塞利格曼(1942—),美国心理学家,主要从事习得性无助、抑郁、乐观主义、悲观主义等方面的研究。曾获美国应用与预防心理学会的荣誉奖章,并由于他在精神病理学方面的研究而获得该学会的终身成就奖。1998年当选为美国心理学会主席。

苏格拉底

苏格拉底（公元前469—公元前399），古希腊著名的思想家、哲学家、教育家，他和他的学生柏拉图，以及柏拉图的学生亚里士多德被并称为"古希腊三贤"，更被后人广泛认为是西方哲学的奠基者。身为雅典的公民，据记载，苏格拉底最后被雅典法庭以引进新的神和腐蚀雅典青年思想之罪名判处死刑。尽管他曾获得逃亡雅典的机会，但苏格拉底仍选择饮下毒堇汁而死，因为他认为逃亡只会进一步破坏雅典法律的权威，同时也是因为担心他逃亡后雅典将再没有好的导师可以教育人们了。

维柯

乔瓦尼·巴蒂斯塔·维柯（1668—1744）是一名意大利政治哲学家、修辞学家、历史学家和法理学家。他为古老风俗辩护，批判了现代理性主义，并以巨著《新科学》闻名于世。

亚当·斯密

亚当·斯密（1723—1790），苏格兰哲学家和经济学家，是经济学的主要创立者。他所著的《国富论》成为了第一本试图阐述欧洲产业和商业发展历史的著作。这本书发展出了现代的经济学学科，也提供了现代自由贸易、资本主义和自由意志主义的理论基础。

亚里士多德

亚里士多德（公元前384—公元前322），古希腊斯吉塔拉人，世界古代史上最伟大的哲学家、科学家和教育家之一。是柏拉图的学生，亚历山大大帝的老师。公元前335年，他在雅典办了一所叫吕克昂的学校，被称为逍遥学派。马克思曾称亚里士多德是古希腊哲学家中最博学的人物，恩格斯称他是古代的黑格尔。作为一位最伟大的、百科全书式的科学家，亚里士多德对世界的贡献无人可比。他对哲学的几乎每个学科都作出了贡献。他的写作涉及伦理学、形而上学、心理学、经济学、神学、政治学、修辞学、自然科学、教育学、诗歌、风俗，以及雅典宪法。

《1844年经济学哲学手稿》

《1844年经济学哲学手稿》是卡尔·马克思在年轻时代为了总结自己的思想和弄清思考的问题而写的一个未完成的手稿，由三个部分组成，这是一部研究政治经济学和哲学的著作。该手稿中，马克思根据当时情况，对一系列德国的古典哲学（包括黑格尔的辩证法、费尔巴哈的唯物论）、英国的古典政治经济学（亚当·斯密）以及法国的空想社会主义进行批判性整合。该手稿可以反映出马克思已经完全脱离了黑格尔的理论。

《德法年鉴》

《德法年鉴》是德国"第一个社会主义的刊物"。1844年2月底只在巴黎用德文出版了1—2期合刊号,主编是阿·卢格和马克思。由于当时卢格患病,这一期合刊主要是由马克思编辑的。这期合刊包括卢格写的《德法年鉴》计划、杂志撰稿人之间的8封通信、马克思的著作《〈黑格尔法哲学批判〉导言》和《论犹太人问题》、恩格斯的著作《政治经济学批判大纲》和《英国状况》,以及其他人写的三篇文章、两首诗、一份官方判决书和编后记《刊物的展望》。马克思和恩格斯在《德法年鉴》上发表的文章表明,他们最终完成了从革命民主主义向共产主义的转变。

《德意志意识形态》

《德意志意识形态》是一本哲学巨著文本,于1845年由马克思和恩格斯合著,于1932年在莫斯科出版。在1847年,《德意志意识形态》的部分内容在《威斯特伐里亚汽船》杂志8月和9月号发表过。本书第一次系统阐述了历史唯物主义的基本原理,如社会存在决定社会意识、生产方式在社会生活中起决定作用、生产关系必须适合生产力的发展等,标志着马克思主义哲学的成熟。此外,本书还批判地分析了当时的费尔巴哈、鲍威尔及施蒂纳的唯心主义历史观,批判了真正的社会主义或德国社会主义的各种代表哲学观点,表达了对科学社会主义的认识。

《反杜林论》

《反杜林论》是恩格斯于1876年5月底至1878年7月初的著作，是一部伟大的马克思主义著作，是马克思主义发展史上的一座丰碑。

《共产党宣言》

《共产党宣言》是无产阶级革命导师马克思、恩格斯受"共产主义者同盟"1847年12月伦敦第二次代表大会的委托，于1847年11月—1848年1月间共同撰写的关于科学共产主义的第一个纲领性文献。它是国际共产主义运动的第一个纲领性文献，是一部划时代的光辉文献。《共产党宣言》以辩证唯物主义与历史唯物主义为理论基础，以阶级斗争为线索，解剖了资本主义制度，阐明了资本主义的发生、发展和必然灭亡的客观规律；阐明了无产阶级作为资本主义掘墓人和共产主义创建者的伟大历史使命；论证了无产阶级革命和无产阶级专政是无产阶级获得解放的唯一道路；批判了打着社会主义招牌的同科学共产主义相对立的各种流派的所谓理论；奠定了无产阶级政党的学说，并确立了党的战略、策略、原则。

《关于费尔巴哈的提纲》

《关于费尔巴哈的提纲》写于1845年春，马克思生前未发表过。最早发表于1888年,恩格斯在《路德维希·费尔巴哈和德国古典哲学的终结》的序言中称这个文件为"关于费尔巴哈的提纲",并作为该书的附录首次发表。它被恩格斯称为"包含着新世界观的天才萌芽的第一个文件","历史唯物主义的起源"。《关于费尔巴哈的提纲》和《德意志意识形态》一起被公认为是马克思主义哲学,特别是唯物史观创立的基本标志。

《莱茵报》

《莱茵报》,《莱茵政治、商业和工业日报》的简称,"德国现代期刊的先声"(恩格斯语,《马克思恩格斯选集》第1卷第514页)。

《路德维希·费尔巴哈和德国古典哲学的终结》

《路德维希·费尔巴哈和德国古典哲学的终结》是恩格斯为论述马克思主义哲学同德国古典哲学的关系,阐明马克思主义哲学基本原理而写的一部重要的哲学著作。写于1886年,同年发表在德国社会民主党理论杂志《新时代》的第4—5期上。1888年出版单行本。20世纪20年代末30年代初传入中国,曾出版过林超真、彭嘉生、张仲实等人的6种译本。这本著作全面论述了马克思主义哲学和黑格尔、费尔巴哈哲学之间的批判继承关系,系统阐述了辩证唯物主义和历史唯物主义的基本原理,具体说明了马克思主义哲学产生的理论来源和自然科学基础,深刻分析了马克思主义哲学在哲学领域中革命变革的实质。

《前进报》

德国社会主义工人党中央机关报,1876年10月1日创刊。1875年5月召开的德国社会民主党和全德工人联合会哥达合并大会决定,两派的机关报暂时并列为新成立的社会主义工人党的机关报。

《人权宣言》

《人权宣言》,1789年8月26日颁布,是在法国大革命时期颁布的纲领性文件。《人权宣言》以美国的《独立宣言》为蓝本,采用18世纪的启蒙学说和自然权论,宣布自由、财产、安全和反抗压迫是天赋不可剥夺的人权,肯定了言论、信仰、著作和出版自由,阐明了司法、行政、立法三权分立,法律面前人人平等,私有财产神圣不可侵犯等原则。

《人是机器》

法国J.O.拉美特里的著作。在作者因出版《心灵的自然史》一书被迫流亡荷兰时写成,1747年匿名发表。拉美特里根据大量医学、解剖学和生理学的科学材料,证明人的心灵状况决定于人的机体状况,特别着重证明思维是大脑的机能和道德源于机体的自我保存的要求。《人是机器》假定一切生物都具有所谓"运动的始基",它是生物的运动、感觉以及思维和良知产生的根据。书中明确指出,运动的物质能够产生有生命的生物、有感觉的动物和有理性的人。公开表明唯物主义和无神论的立场,驳斥心灵为独立的精神实体的唯心主义观点,论证精神对物质的依赖关系。《人是机器》在自然观、认识论、社会历史观、无神论和伦理学等许多方面还提出一系列后来为其他法国唯物主义者进一步发展了的思想。它是18世纪法国第一部以公开的无神论形式出现的系统的机械唯物主义著作。

《神圣家族》

《神圣家族》是一本由马克思和恩格斯在1844年11月创作的书。这本书对青年黑格尔派及其在当时学术界极其流行的思想潮流进行了批判。该书的名称是由出版商提议取的,并用作讽刺鲍威尔兄弟及其支持者。该书引发了争议并使得鲍威尔对此进行了反驳。鲍威尔称马克思和恩格斯误解了自己的说法。马克思之后在《德意志意识形态》中讨论了相关问题。

《唯物主义和经验批判主义》

《唯物主义和经验批判主义》是列宁批判经验批判主义哲学思潮、阐述辩证唯物主义认识论的重要著作。1908年2月—10月在日内瓦和伦敦写成，1909年5月由莫斯科"环节"出版社出版。这部著作在国际上得到了广泛的传播，先后被译为20多种文字。它对中国思想界也有很大的影响，1930年，笛秋和朱铁笙第一次将它译成中文，由上海明日书店出版发行。

《政治经济学批判大纲》

《政治经济学批判大纲》是恩格斯的第一篇经济学著作。写于1843年底至1844年1月，1844年2月发表在《德法年鉴》上。中译本收入人民出版社1956年出版的《马克思恩格斯全集》第1卷。研究了资本主义社会经济制度和资产阶级政治经济学的基本范畴，论述了消灭私有制的必要性，对社会主义革命作了初步论证，是马克思主义发展史上第一篇经济学著作。

《资本论》

《资本论》是马克思的著作，以唯物史观的基本思想为指导，通过深刻分析资本主义生产方式，揭示了资本主义社会发展的规律，同时也使唯物史观得到了科学的验证和进一步的丰富发展。《资本论》运用唯物史观的观点和方法，将社会关系归结为生产关系，将生产关系归结于生产力的高度，从而证明了社会形态的发展是一个不以人的意志为转移的自然历史过程。

《自然辩证法》

《自然辩证法》是德国哲学家弗里德里希·恩格斯一部尚未完成的著作,是恩格斯多年来对自然科学研究的总结。对19世纪中期的主要自然科学成就用辩证唯物主义的方法进行了概括,并批判了自然科学中的形而上学和唯心主义的观念。在恩格斯去世后,1896年发表了其中一篇论文《劳动在从猿到人转变过程中的作用》,1898年发表了其中另一篇论文《神灵世界中的自然科学》,直到1925年才在前苏联出版的德文和俄文译本对照的《马克思恩格斯文库》中全文发表。